JN254740

トヨタ式 超 ラク家事

TOYOTA WAY

トヨタグループ出身
ほどよいミニマリスト
香村 薫

SUPER RAKUKAJI

5つの「S」でスイスイはかどる！

実務教育出版

整理　たとえば…　冷蔵庫

食べ物をバラバラに
収納するのをやめる

整頓　たとえば…　クローゼット

服はすべて
見える化！

トヨタ式
「5S」

清掃　たとえば…　キッチン

掃除する日を
決めてしまう

清潔　たとえば…　バスルーム

汚れには
先手必勝！

しつけ　たとえば…　子育て

ゲームは
早起きのごほうび！

「ゴミをゴミ箱に捨てる」
「買ってきた食材を冷蔵庫に入れる」
「暑くなってきたので扇風機を出す」

日々の何気ない家事。
家にいるほとんどの時間を使って家事をしているのに、
「だれも感謝してくれない……」と感じることはありませんか？

家事はズバリ「雑務のカタマリ」。
だけど、だれがやっても同じこと、と考えていませんか？
そんなことはありません。
我が家の家事をトヨタ式の「5S」に落とし込んでみると……

整理 ………… 家事を増やさないしくみ
整頓 ………… モノがいつでも使えるしくみ
清掃 ………… モノを汚さないしくみ
清潔 ………… キレイな状態を維持するしくみ
しつけ …… ルールを破らないしくみ

私自身、トータルで一日4時間半もかかっていた家事が

毎日たった2時間半の超・ラク家事に！

実に、一日2時間も自由時間ができるようになりました。
その時間を使って、得意なことをすることで家族に感謝される。
暮らしにメリハリがあって、毎日ゴキゲンでいられること。
それが「トヨタ式超・ラク家事」です。

著者の夫：香村 圭司

はじめにの
はじめに

僕は、これまで大きなカン違いをしていました。

「外でバリバリ、家でゴロゴロ。このメリハリが仕事のパフォーマンスにつながる」と。

土日は昼近くまで寝て、起きたらフラフラとパチンコに出かけ、帰ってきたらダラダラとTVやDVD……。「家ではダメ夫でいることが、むしろカッコイイ」と思っていたんです。

こんなふうに考えている男の人って、今も多いのでは？

でも、家でゴロゴロしすぎると思考がストップしてしまい、自然とやる気も起こらず、物事を右から左に受け流すだけになる。いつの間にか、家でも職場でも「指示待ち人間」になってしまっていることに気づいたんです。

じゃあ、どうすればいいんだろう？
「事件は現場で起きている」。そう考えた僕は、家庭のいろんなことから目をそらさずに、向き合うことから始めました。

最初は何をどうしたらいいか分からないことだらけでしたが、妻と協力しながらやっていくうちに徐々に家のことが分かり、自主的に家事や育児をするようになりました。さらに、「もっと心地よくするにはどうしたらいいか」を考えるようにもなったんです。

特に男の人は、「家事や育児を手伝いたいけど、どうやっていいか分からない……」という人が多いと思います。今さら妻に聞きづらいし、間違えるのも恥ずかしいし。

本書では、男の人でもラクに「しくみ」化できる家事ノウハウがたくさん詰まっています。
妻の前作「トヨタ式おうち片づけ」と合わせて、ぜひ夫婦で（独身でも）楽しみながら実践いただけると嬉しいです。

著者：香村 薫

本書を手に取っていただき、ありがとうございます。

私は、愛知県で小学校2年生の長男と幼稚園年中さんの次男、1歳になった長女の3人を育てながら片づけのお仕事をしています。

日々お客様と一緒にお困りの部屋を片づけ、また週に1度は我が家や地域の会場で「数字でお片づけ」をベースに、我が家の実例を共有しています。

そこで、ありがたいことに「とても子どもが3人いる家とは思えない」というお声をいつも頂戴します。

実は私も、過去にそれに似た思いを抱いたことがあります。

トヨタ系列のアイシンＡＷという会社に勤めていたとき、毎日膨大な数の製品を出荷している工場が信じられないほど綺麗で、「ここであれだけ大量の製品が作られているなんて！」と、思わず声に出していたのです。

そこでは、働く人たちが、部品を取るために必要な10歩を2歩にするためにどうしたらいいか？ を考え、誰がやっても同じ時間で同じ結果が出るようにするための「しくみづくり」が徹底されていました。

私は会社をやめてからも、その光景と考え方が頭から離れず、家事をしくみ化することに没頭しました。それをもとに、本書は現在我が家で実践しているトヨタ式のしくみを54個掲載しています。

我が家が8年かけてやってきたことですので、いきなり「改革」して一緒に住む人を驚かせないように、着実に3ステップで進めるように構成しました。

これから読み進めていただくにあたり、ひとつだけ意識していただきたいことがあります。

それは、各テクニックをご自身の家庭に合うように「自分サイズ」にカスタマイズしてほしいということ。そのために、場所ごとに簡単なワークを作成しました。

ワークに取り組み、「自分の家ならここまでできそう！」と落とし込み、それを実現していただけたら、こんなにうれしいことはありません。

ある日の著者のスケジュール

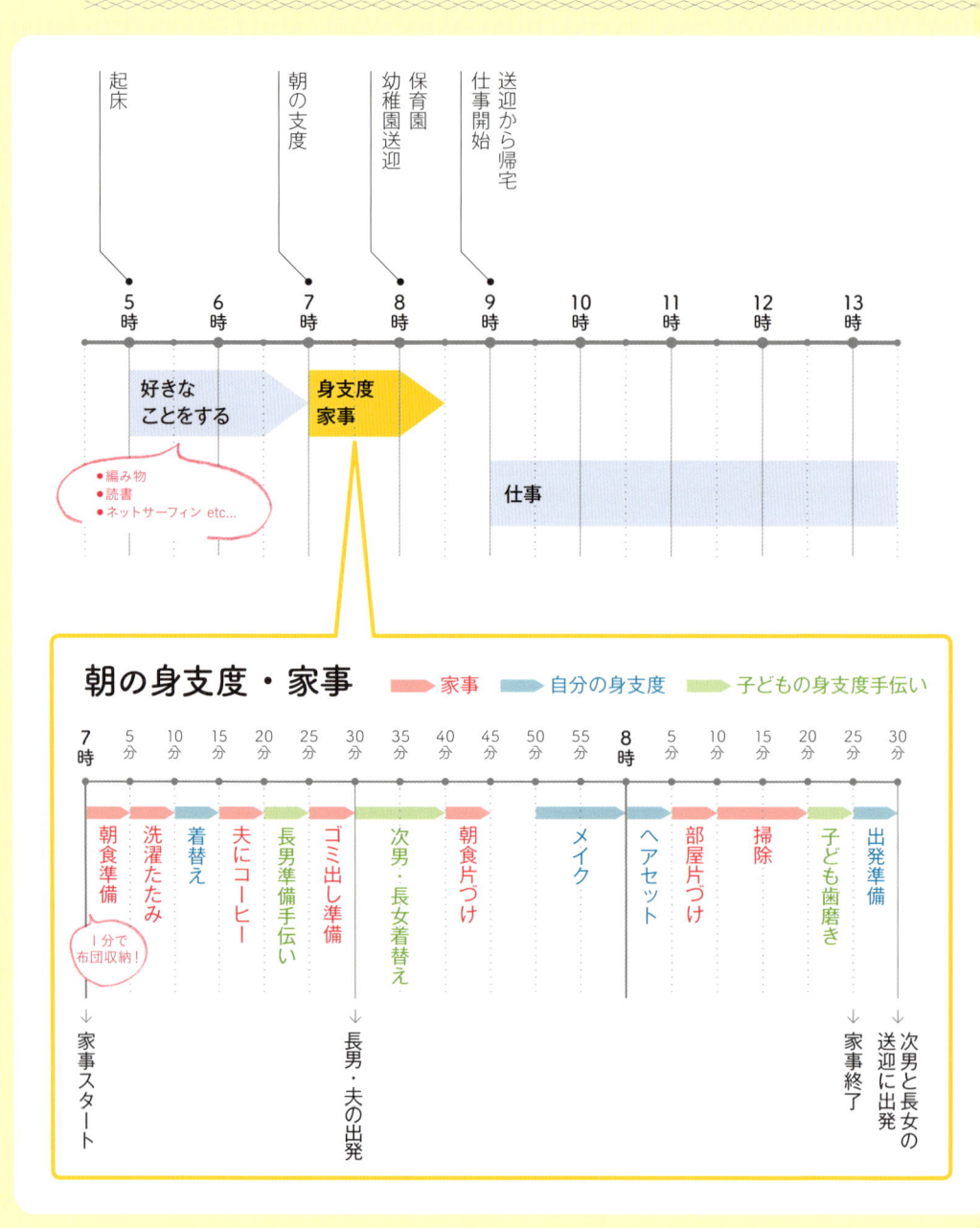

午前 5 時に起床し、午後 10 時には就寝する 1 日を過ごしています。
仕事をしながら家事をこなすこともあります。

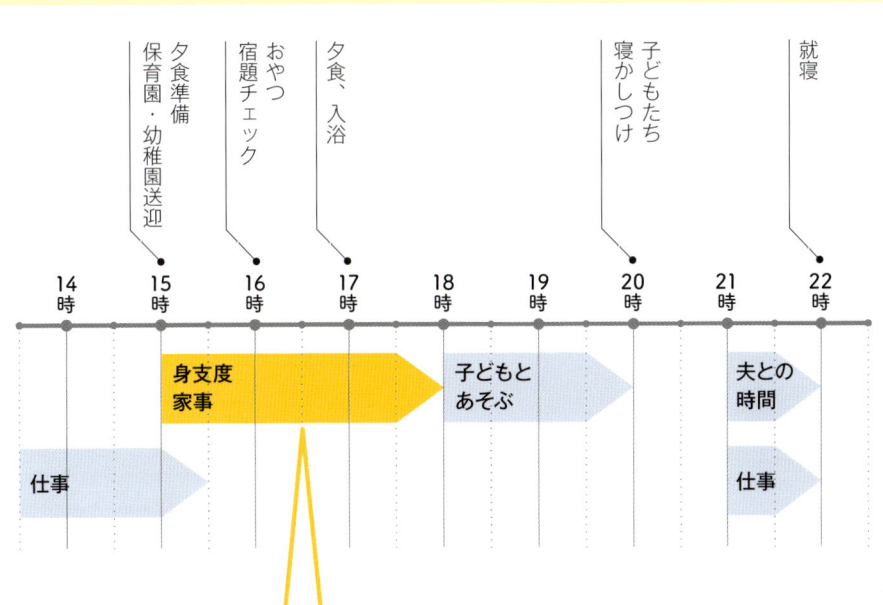

| 14時 | 15時 | 16時 | 17時 | 18時 | 19時 | 20時 | 21時 | 22時 |

保育園・幼稚園送迎
夕食準備
宿題チェック
おやつ
夕食、入浴
子どもたち寝かしつけ
就寝

身支度家事
子どもとあそぶ
夫との時間
仕事
仕事

夕方の身支度・家事

■ 家事　　■ 子どもの身支度手伝い

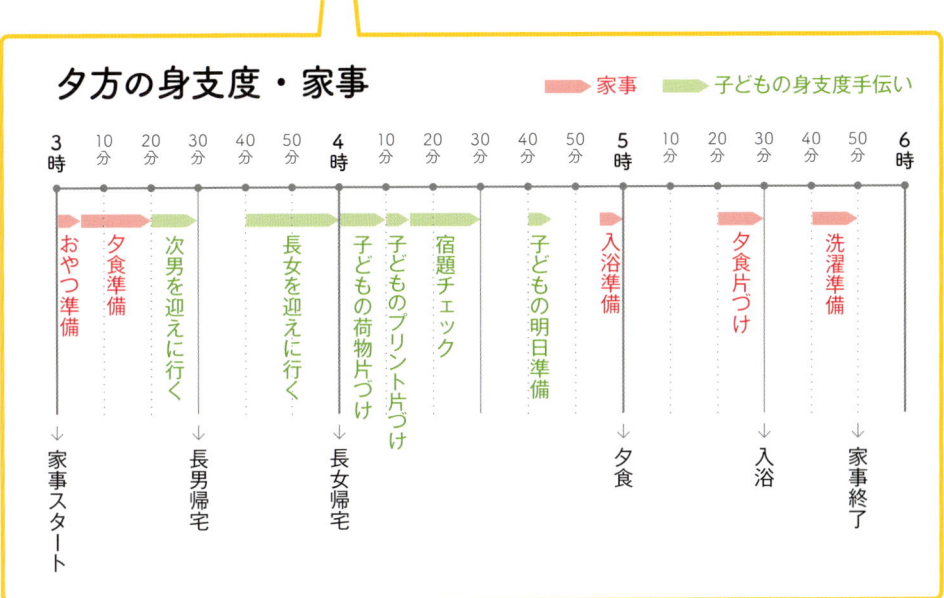

| 3時 | 10分 | 20分 | 30分 | 40分 | 50分 | 4時 | 10分 | 20分 | 30分 | 40分 | 50分 | 5時 | 10分 | 20分 | 30分 | 40分 | 50分 | 6時 |

おやつ準備
夕食準備
次男を迎えに行く
長女を迎えに行く
子どもの荷物片づけ
子どものプリント片づけ
宿題チェック
子どもの明日準備
入浴準備
夕食片づけ
洗濯準備

↓ 家事スタート
↓ 長男帰宅
↓ 長女帰宅
↓ 夕食
↓ 入浴
↓ 家事終了

トヨタ式 超ラク家事
CONTENTS

どこから片づければいいの？

いざ、片づけようとしても、どこから手をつけたらいいのか分からない…。
そんな人のために難易度別に分けました。

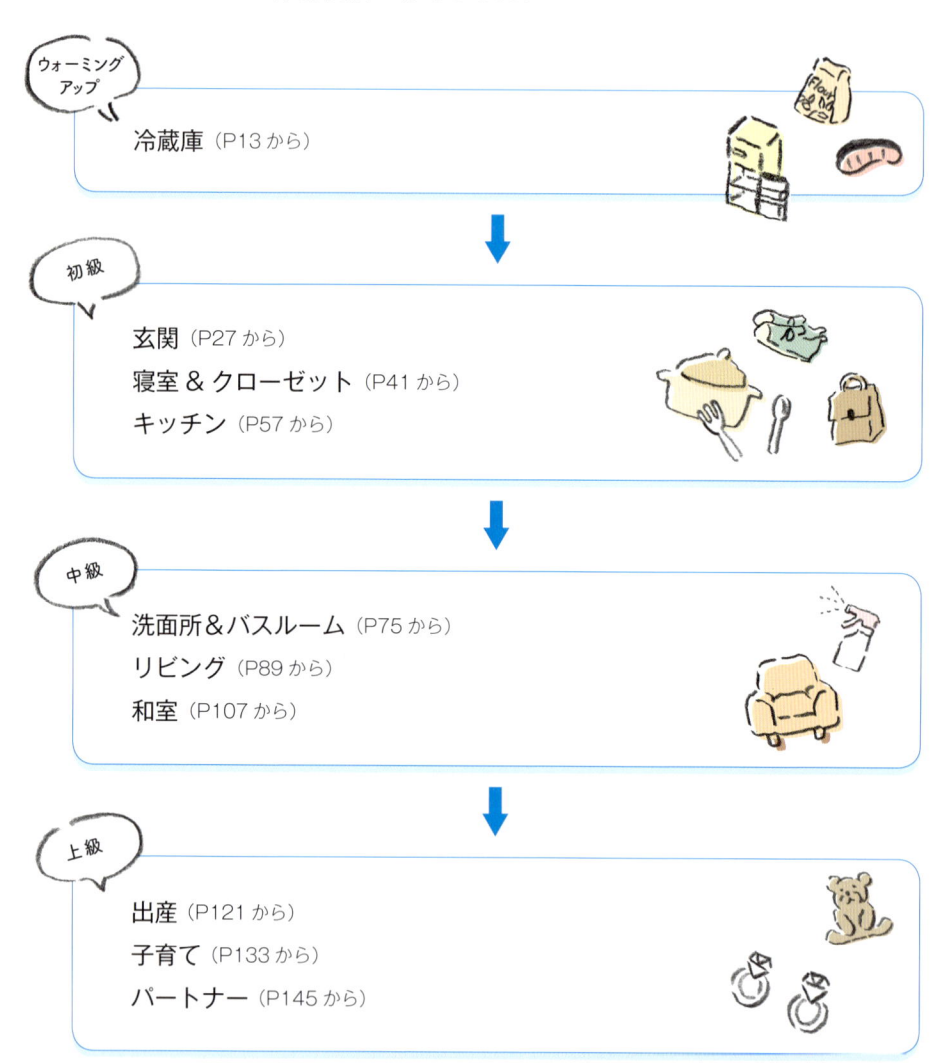

ウォーミング
アップ

冷蔵庫（P13から）

初級

玄関（P27から）
寝室＆クローゼット（P41から）
キッチン（P57から）

中級

洗面所＆バスルーム（P75から）
リビング（P89から）
和室（P107から）

上級

出産（P121から）
子育て（P133から）
パートナー（P145から）

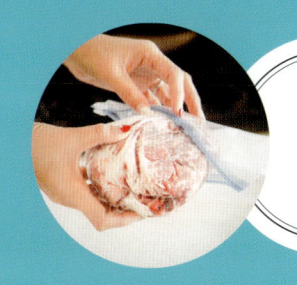

冷蔵庫 REFRIGERATOR

整理
ARRANGEMENT
やめることを
決める

食べ物はすべて
冷蔵庫に入れる

防災食品以外の食べ物を、キッチンの引き出しやパントリーにバラバラに収納するのをやめました。冷蔵庫の中を見れば、食べ物の残量がすべてわかります。

香村家の冷蔵庫

冷蔵庫

玄関

寝室&クローゼット

キッチン

洗面所&バスルーム

リビング

和室

出産

子育て

パートナー

STEP 1 粉類はドアポケットの右に収納

「フレッシュロック」

「フレッシュロック」に入れ替えています。口が大きく軽いため、使いやすいです。小分けにすることは一見面倒に思えますが、粉類を増やしてしまうことの防止にもつながります。フレッシュロックは、オンライン以外にニトリでも購入できます。

STEP 2 液体調味料はドアポケットの左に収納

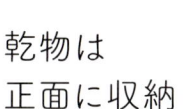
「セラーメイト」

「セラーメイト」に入れ替えています。液だれしない点が◎です。オンラインショッピング、もしくは東急ハンズで購入できます。

STEP 3 乾物は正面に収納

ジップロックに入れて湿気をふせぐ

乾物は、パントリーの中でも忘れられてしまいやすい食材。これも冷蔵庫で管理しています。そのままだとかさ張るので「スライダー式のジップロック」に入れ替え、カサを減らします。我が家は缶詰やスパイス類、お菓子の飴まで全部、冷蔵庫に入れています。

POINT

調味料は鮮度を意識して500ml単位で購入しています。上記の詰め替え容器は、一度空になるたびに洗って乾燥させ、パストリーゼ77を拭きかけて除菌するようにしています。

NG!

STEP1 のアドバイス

フレッシュロックに「味噌」を入れる場合は、直接入れてしまうと洗うとき面倒なことに…。ナイロン袋に入れた方がよさそうです。

整頓
TIDYING
いつでも
使えるように

家族みんなが
「わかる」冷蔵庫へ

家族のみんなが1日に何度も開け閉めする冷蔵庫。
いつ誰が開けても探し物をしないように、「ジャンル分け」にこだわりました。

冷蔵庫

玄関

寝室＆クローゼット

キッチン

洗面所＆バスルーム

リビング

和室

出産

子育て

パートナー

STEP 1 まずは 冷蔵エリア

我が家は中に入れる食品を6つ（乾物・茶葉・お菓子・スパイス・ご飯のとも・乳製品）に分類しています。

［トレーに分けます］

STEP 2 次に 冷凍エリア

我が家は5つ（肉・魚・パン・野菜・その他）に分類し、食材は立てて収納するために棚板を一枚外してあります。

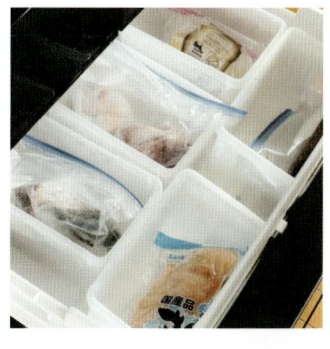

STEP 3 最後に 野菜室

野菜は冷凍することを心がけているので、サラダの材料くらいしかありません。そのぶん野菜室の空いたスペースを利用してお米を4合ずつナイロン袋に入れておきます。使うときはナイロンの底を破るだけという便利さ。

サラダ用以外の野菜は冷凍が基本

POINT

冷蔵庫のポイントになってくるのが棚板。特に冷凍室はあえて棚板（浅いトレイ）を外してみるのも手です。深さがあれば、冷凍食品を立てて収納することができます。

STEP3 のアドバイス

使わないタッパーウェアを受け皿にしないと不意に袋が破れてしまうことが…。薄いナイロン袋は要注意です。

冷蔵庫

清掃
CLEANING

使うものを
汚れないように

空っぽにする日を
決めてしまう

口にするものを収納する場所だからこそ、掃除には気を使いたいもの。
定期的に中が空っぽになれば、サッと拭くだけで掃除が終わります。

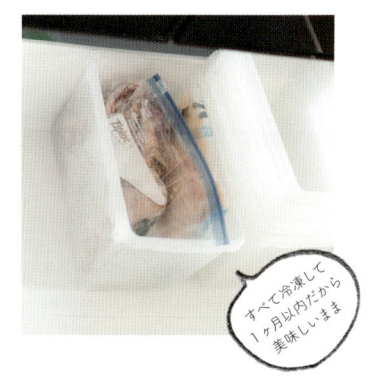

冷蔵庫

玄関

寝室&クローゼット

キッチン

洗面所&バスルーム

リビング

和室

出産

子育て

パートナー

STEP 1 週1で 空にする

まずは冷蔵室。我が家は毎週金曜日に冷蔵室を空っぽにするよう意識しています。金曜日で空っぽにならなければ買った食材の量を見直したり、逆に足りないようなら防災用にストックしている食材を取り入れたりして、バランスをとっています。

残ったたまねぎで何か一品！

STEP 2 買い物前日に 空にする

次に野菜室。買い物前日（水曜・土曜）に空っぽにすることを心がけています。特売で一定の食材を多く買ってしまったときは、冷凍保存・自家製のぬか床に漬ける・ふだん作らないようなレシピに挑戦！などと、工夫して使い切るようにしています。

STEP 3 月末に 空にする

最後は冷凍室。冷凍室は月末に空っぽにしています。入れたものは1ヶ月で食べきる！を意識したところ、忘れ去られた化石のような食材が出てくることもなくなり、すべてを安心して食べられるようになりました。

すべて冷凍して1ヶ月以内だから美味しいまま

POINT

冷蔵庫を空っぽにすること自体に抵抗があるという方は、「この棚一段だけ」などと、自分なりのルールを決めるとうまくいきます。まずは2週間トライしてみてください！

スライス？

STEP2 のアドバイス

野菜を購入するとき、冷凍しづらい野菜を大量購入するのは使い道を考えてからにしています。

清潔
CLEANLINESS

状態をキープ
するために

苦手な家事には
真っ向勝負しない

食事作りは得意じゃない…からこそ、どうしたら楽しんで続けられるか？を日々考え
ています。こうしなければ！の固定概念を取っ払うと、スーっと気が楽になりました。

冷蔵庫

玄関

寝室＆クローゼット

キッチン

洗面所＆バスルーム

リビング

和室

出産

子育て

パートナー

STEP 1 家族公認の「サボりDAY」を作る

[インスタント食材]

我が家の場合は平日に冷蔵庫の食材を使い切ったご褒美に、毎週金曜日は「インスタントの日」と決めています。これが家族に大好評！私も金曜日にラクするために、木曜までに必死で冷蔵庫と戦っています。

[つくりおき保存]

STEP 2 週末は、一日2食でよしとする

以前は「12時だからお昼ご飯」と作っても、家族が食べずにイライラすることがあったのですが、一日3食を守ることに注力するのではなく、「おなかが減ったら食べる」と変えたところ、イライラも食品ロスも減らすことができました。

STEP 3 栄養にとらわれすぎない

たまには栄養補助食品に頼りましょう

足りなかった野菜は青汁や酵素ドリンクでフォローすればいい！と考えるようになってから、少し気持ちが楽になりました。

POINT

どうしてもやる気が出ないときに食事作りを楽しむ工夫として、「冷蔵庫にあるものを使って15分で作る」という「料理の鉄人」的なタイムトライアルをすることも。

洗い物は各自で！

STEP2 のアドバイス

家族が食事を食べるタイミングが異なるので、シンクに洗い物が溜まらないように、使った人がその場で洗うルール化を。

しつけ
DISCIPLINE
ルールを
守るために

25分の下ごしらえで
明日の自分を救う

・冷蔵庫の開け閉め回数を減らす
・キッチンに立つ時間を削減する
そのために、買い物帰りの下準備を見直しました。

22

STEP 1 プラごみを取ってしまう

冷蔵庫に入れるモノは、パッケージから全部出してから収納しています。

これによりプラごみを一気に処分することができます。まずは納豆3個パックのフィルムや、飴の大袋からトライしてみてはいかがでしょう。

省スペース化にもなって冷蔵庫がスッキリ！

STEP 2 食材を「見える化」する

肉と魚は1食分ごとに「ラップ＋スライダー式ジップロック」に入れて冷凍室に保存しています。これにより、「あと何日分のメイン料理が作れるか」が一目瞭然になります。

STEP 3 野菜の皮むきはまとめて行う

冷凍すると風味や触感が変わってしまう野菜は、皮をむき、カットした状態でラップしています。その後は、平日の5日以内に使いきるようにしています。

POINT

これらの下ごしらえは、忙しい平日に包丁とまな板を使わずにすむように準備することを心がけています。どうしても必要になったときは、調理バサミが大活躍します。

もらい物など

STEP1 のアドバイス！

外装を剥がすことで、調理方法がわからなくなりそうなものは早く調理するようにしています。

自宅の冷蔵庫の中身を
ジャンル分けしてみましょう

<table>
<tr><td>香村家の
9ジャンルは
こちら</td><td>乾物
</td><td>ご飯のおとも
</td><td>スパイス
</td><td>その他
</td></tr>
</table>

茶葉 　乳製品 　お菓子 　粉類 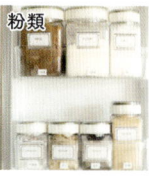　液類

ご家庭によっては、こんなジャンルも！

- ビールとおつまみ　●ご自由にどうぞ　●離乳食一式　●ドッグフード
- 賞味期限間近食品　●化粧水や薬　●お菓子作り材料　●切って余った食べ物

● 冷蔵庫に入っている食品を、ジャンルに分けて書き出してみましょう。

冷蔵庫を空っぽにする日を 決めてみましょう

スーパーマーケットの特売日に、予定のなかった物をついつい買ってしまい、常に冷蔵庫の中が 食品であふれかえってしまう…。使い切れないうちに消費期限が過ぎてゴミも増える…。 そんなムダを減らすためにも、定期的に冷蔵庫の中身を空っぽにする習慣をつけましょう。

● 冷蔵エリア （目安：週一回）

（例）毎週金曜

● 野菜エリア （目安：週二回）

（例）買い物前日（水曜・土曜）

● 冷凍エリア （目安：月一回）

（例）月末

香村家のオキシ漬けメソッド

なにかと話題の「オキシ漬け」。オキシクリーンってどうやって使うの？ 栓のやり方は？
といった質問をよくいただきます。そこで、我が家のオキシ漬けの方法をお伝えします。

01

コストコのオキシクリーンはアメリカ製。
そのため大容量なので、スライダー式ジッ
ブロックに小分けしてキッチンとサニタ
リーにそれぞれ収納しています。

02

ビニール袋に水を入れて、簡易栓を作
ります。

03

60℃のお湯にオキシクリーンを溶かして
泡だて器で泡立ててから、ためていたお湯
（これも60℃）に入れます。モコモコが少
ないようなら、さらに追加します。いつも
ザックリですが、洗面シンクであれば1カッ
プほどのオキシクリーンを使っています。

04

洗いたいモノを入れ、20分間放置します。

05

しつこい汚れはブラシでこすった後、洗い
流して終了です。

こんな大失敗に注意

アルミの換気
扇フィルターが、
見事に変色して
しまいました…。

玄関 ENTRANCE

整理
ARRANGEMENT
やめることを
決める

靴を履きつぶすのは
難しい、と知る

ほぼ履かないのに手放せない靴。それはまだキレイだからです。
満足するには「履きつぶす」しかないのに、靴って一度に一足しか履けない…。
それを悟ってから、靴をたくさん買うのをやめました。

冷蔵庫

玄関

寝室＆クローゼット

キッチン

洗面所＆バスルーム

リビング

和室

出産

子育て

パートナー

STEP 1　専用靴を
やめる

毎日履いていても、ワンシーズンで履きつぶすのは大変。特定のスポーツや冠婚葬祭専用靴に至っては、気づくと10年以上同じ靴、なんてこともよくあります。そこで、○○専用靴はやめて兼用できる靴を選ぶことにしました。

STEP 2　必ず
試し履きをする

「この靴を履かない理由はなんですか？」を独自調査したところ、一番多い回答が「足に合わないから」でした。同じメーカーでも、デザインや革によって履き心地は大きく異なります。そこで私は、試し履きのできないオンラインストアで靴を購入することを一切やめました。

STEP 3　自分の靴に対する
こだわりを知る

私の場合は「どんなシーンにでも適応できる靴が1足だけあればいい」というこだわりがあります。hcubuch の〝はまぐりサボ〟はまさにその1足！夏の素足用に1足、その後冬の厚手タイツ用に0.5センチサイズアップしたものを1足購入しました。

[hcubuch の〝はまぐりサボ〟]

POINT

靴をたくさん持っていても、実際に履くのは一週間あたり3足というのが日本の成人女性の平均です。自分の靴に対する「こだわり」を掘り下げたところ、靴で失敗しなくなりました。

Nooo…

STEP2 のアドバイス

試し履きをした靴をオンラインストアで購入。ところが実は素材が違っていてキツイ。すぐにメルカリで売りました。

整理
ARRANGEMENT
やめることを
決める

「しまった、忘れた!」の経験を活かす

「玄関収納は靴をしまうところ」という固定概念を捨てたら、
身じたくの時短につながる使い方ができるようになりました。

STEP 1 忘れ物を洗い出す

家を出てから「しまった、忘れた!」と、慌てて取りに戻ったことがあるものを洗い出します。私の場合は、カサ・上着・マフラー・マスク・ティッシュ・カイロでした。それらを玄関に収納しておくことで、靴を脱がなくてもすぐ手に取ることができます。

STEP 2 玄関収納を見直す

靴を脱がずに出し入れできる収納を「靴箱として使う」というケースがよくありますが、そういう場所にはあえて、STEP1の忘れやすいモノを収納しています。

STEP 3 一番下の段は「放り込み収納」にする

玄関収納の一番下の段は"放り込み収納"として使います。かごを置いておけば、子ども自身が上着をポイっと入れて、使う時もサッと取り出せて使いやすさがアップします。リビングに子どもが脱ぎ散らかした上着が…と、イライラすることもなくなりました。

POINT

玄関収納は外に持ち出すモノ、持って帰ってくるモノ、をよく考えてから配置することで、暮らしがスムーズに回ります。ゴミを家に持ち込まないためにゴミ箱を置くのも◎。

子どもの
やんちゃ防止

STEP3 のアドバイス

外に持ち出す放り込み収納に「新聞古紙」を設けたところ、ベビーがガサゴソ出す事態に。フタつきボックスに変えて一安心です。

整頓
TIDYING

いつでも
使えるように

三和土（たたき）の余白が、家のスッキリ感を決める

玄関のドアを開けた瞬間に「ステキなおうちですね」と言われたことがあります。
そのとき来客の視線は三和土だったのが忘れられません。

冷蔵庫

玄関

寝室＆クローゼット

キッチン

洗面所＆バスルーム

リビング

和室

出産

子育て

パートナー

STEP 1 三和土に置く 靴の数を決める

玄関の三和土に何足靴を置くか？を考えた結果、我が家はゼロにすることにしました。
そのために、靴を毎回収納できるよう、取りやすく戻しやすい場所によく履く靴を入れるスペースを確保しました。

今はいている靴はココ

STEP 2 ひとり一段、ゆったり収納にする

毎日履く靴だからこそ、ひとり一段３足ゆったり配置とし、家族が間違えないようにラベリングで定位置を管理しています。靴同士は指が最低２本入るスペースを開け、靴同士が干渉しない余裕を取ることがポイントです。

STEP 3 靴の 衣替えをする

よく履く靴以外は、クローゼットや押し入れの天袋・納戸に収納するのも◎。夏と冬で入れ替えることをオススメします。

あまりはかない靴はココ

OK!

STEP1 のアドバイス

夜遅くに帰宅し朝早くに出発する夫の靴だけは、三和土に出しっぱなしでOKに。ガチガチにルール化しないことも大切です。

清掃
CLEANING

使うものを
汚れないように

掃除のタイミングは
天気次第

見て見ぬふりしがちな玄関の掃除。「雨の翌日が一番汚れる」ことを知ってから、
そのときだけ気合を入れて掃除するようになりました。

STEP 1 香村家秘伝の カンタン消臭ワザ

まずは消臭から手をつけましょう。空き容器に"重曹＋アロマ数滴"を入れたモノを置くと 30 分後には消臭完了。靴箱の中という狭い空間では、特に効果的です。我が家では、2 週間程度で取り換えるようにしています。

STEP 2 子どもの靴こそ "オキシ漬け"

子どもの靴は、毎週金曜日に洗っています。上履きも運動靴も 20 分オキシ漬けすれば、あとはサッとブラシでなでるだけでキレイになります。オキシクリーンを入れすぎると靴についたぬめりが残りやすいので、少し少なめにするのがポイントです。

STEP 3 玄関収納の上には モノを置かない

目につく場所だけは毎日掃除。シューズボックスの上は子どもたちの朝の支度（持っていくもの）を置く場所。ここが汚れていると持ち物が汚れてしまうので、毎日サッと拭くようにしています。

POINT

靴箱の掃除は頻繁には行わないもの。棚の掃除といっても、靴を出して拭くだけ。靴を厳選していれば、5 分程度で終わります。

NG!

STEP2 のアドバイス

漬け置きしすぎて、色移りする失敗経験が。「漬け置き→保育園のお迎え→帰宅後すぐ洗う」を習慣化しました。

冷蔵庫
玄関
寝室＆クローゼット
キッチン
洗面所＆バスルーム
リビング
和室
出産
子育て
パートナー

清潔 & しつけ
CLEANLINESS & DISCIPLINE

使うものを
汚れないように

1に換気、
2に A2 Care

玄関で一番気をつけるべきは「におい」。
頻繁な換気と、専用グッズでの消臭を心がけています。

冷蔵庫

玄関

寝室＆クローゼット

キッチン

洗面所＆バスルーム

リビング

和室

出産

子育て

パートナー

STEP 1 靴箱を開けて 外出する

靴をしまうルールを決めても、帰宅時に荷物を両手に持ったままではそれも面倒。そんな理由で「靴を三和土に出したまま」ということがありました。そこで、**毎朝最後に家を出発する人が、靴箱をわざと開けっ放しにしてから出発する**ように。帰宅後に靴箱が開けっ放しだとサッと戻せて、さらに靴箱も換気できる。一石二鳥です。

STEP 2 靴の消臭には "A2 Care"

[A2 Care]

気になる靴のにおいは A2 Care（除菌消臭剤。300ml で 1,767 円 /amazon、実店舗ではニトリなどで販売）をシュっとひとふきで解決します。

STEP 3 しまうまでが 「靴を脱ぐ」ということ

靴をしまうなんてウチの子どもには無理…と言われることがあります。でも、ちゃんと**スペースさえ確保すれば、2歳児でも必ずできます**。「脱いだあと、この場所に置くまでが靴を脱ぐということ」と伝えると、うまくいきます。

POINT

玄関のインテリアは最小限に抑え、「見た目のスッキリさ」と「香り」に注意した風通しの良い空間を心がけることで "素敵なおうち" という印象を与えることができます。

NG!

STEP2 のアドバイス

A2careには「革製品には注意」の表記があります。革靴は、目立たないところでシミや色落ちを試してから使うようにしています。

どんな靴を
何足持っていますか?

● 現在持っている靴の数を書き出してみましょう。

靴の種類	現状ある靴の数		見直し後
ビーチサンダル・ミュール	足	➡	足
スニーカー	足	➡	足
パンプス・カッター	足	➡	足
ブーツ	足	➡	足
バレエシューズ カジュアルシューズ	足	➡	足
通勤（仕事用）靴	足	➡	足
冠婚葬祭用	足	➡	足
その他	足	➡	足

靴のこだわりは何ですか？

● 持っている靴と、あなたのこだわりを照らし合わせてみましょう。

【見た目】

- ☑ とにかく「オシャレは足元」からだと思う
- ☑ 人に会う時は相手の靴を見てしまう
- ☑ 靴にトレンドを求める
- ☑ 多少痛くても気に入っているなら ガマンして履く
- ☑ 靴のケアは怠らない

【機能性】

- ☑ 価格が高くても、サイズが合っていることが一番
- ☑ 数が少なくてもいいので、1足を長く使う
- ☑ デザイン性よりも、脱ぎ履きがラクに行えることが重要
- ☑ 状況に合わせて履く靴を決める（雨の日はレインシューズ、テニスはテニスシューズ など）

【価格・ブランド】

- ☑ 靴にかけられる値段がある程度決まっている
- ☑ 高級な靴を何年も履き、味わいを楽しむ
- ☑ 同じメーカーの靴ばかり買う
- ☑ 靴は消耗品なので、価格を意識して買う

【数】

- ☑ 気に入った靴を色違いで買うことがある
- ☑ 昨日と同じ靴を履くのはちょっと…と思う
- ☑ 何にでも使えるオールマイティーな 靴が1足あればいい
- ☑ 履いていない靴も飾っておきたい くらい、靴が好き
- ☑ 家に何足もあるのに、 それでもまた靴を買ってしまう

COLUMN · 02

玄関収納を"ウットリ魅せる収納"に するコツ

人の目に触れる収納は、単にモノを入れるだけでなく"ウットリ魅せる収納"にしたいもの。
我が家の玄関収納を、どうやってウットリ収納に変えていったのかをご紹介します。

01

分ける

まず最初にやる
ことは「分ける」
作業です。
モノのジャンル
で分けたあと、
「本当にこの場所
に置いておきた
いのか?」を考
えます。さらに、
「誰が使うか」で
分けます。大人は上の段、子どもは下の段、
と収納場所を決めていくのです。

02

高さをそろえる

次に大切なのが
「高さをそろえ
る」ことです。
家にあった適当
な収納グッズを
使って、高さを
そろえてみました。
このとき、目線
の高さにあたる
場所にはあえて
空間を設けることで、扉を開けたときの
"スッキリ感"を演出することができます。

03

色味をそろえる

最後に色味をそろえるために、収納グッズを購入しました。
収納グッズは、すべて同じモノでそろえてしまうと事務所のような雰
囲気になりがちなので、私はメインをニトリのカゴ、そしてアクセン
トとして100円ショップのケースを使っています。

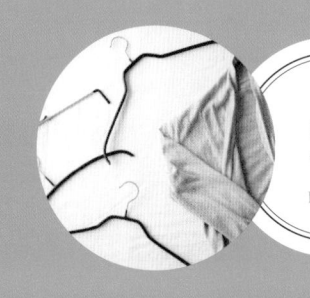

寝室＆クローゼット
BEDROOM & CLOSET

整理
ARRANGEMENT
やめることを
決める

服を厳選する
楽しさを知る

「以前あの人に会ったときと同じ服はちょっと…」という小さなプライドを捨て、
本当に似合う服を追求するようになりました。

STEP 1 持っている 服を数える

まずは「自分の服を知ること」から始めましょう。クローゼットを開けたら、自分が好きな服だけが並んでいる「セレクトショップ」状態を目指して、持っている服の数をすべて数えます。

STEP 2 「自分スタイル」を決める

次に「自分スタイル」を決めます。私は15年以上ワンピースばかりを買っています。色は白・グレー・紺のどれかに決めています。「そんなに限定したらショッピングが楽しくない!」という声が聞こえてきそうですが、自分スタイルが決まることで、ムダなものを見る時間を短縮できます。その時間を使ってたくさんの店舗をチェックでき、かえって楽しいものです。

STEP 3 3シーズン 着られる服を選ぶ

明らかに真夏や真冬にしか着られないような服の素材に注意して、基本的に3シーズン着まわせる服(春・夏・秋、秋・冬・春)を選んでいます。

POINT

どんな服を着ていたいのか?どう見られたいのか?は、シーンや時と共に変化するもの。「今年だけ着る」ではなく「5年先も着ていたいと思うか?」で選ぶようにしています。

STEP1のアドバイス

今着ている服と洗濯中の服を数え忘れることがあるので、一番最初にその2つをプラスしてから数え始めます。

整頓
TIDYING

いつでも
使えるように

すべてを「見える化」する

毎朝コーディネートに悩む時間がもったいない、と思うようになりました。
自分が持っている服すべてを忘れないように、服の「見える化」を実施中。

冷蔵庫

玄関

寝室＆クローゼット

キッチン

洗面所＆バスルーム

リビング

和室

出産

子育て

パートナー

STEP 1 今週着る服を ハンガーにかける

ハンガーにかける服を「今週着る服」にします。単純計算で7着×2（トップス・ボトムス）の14着分です。洗濯後にまたハンガーにかけて1ヶ月ほど繰り返して着ています。「高かった服、シワになりやすい服だからハンガーにつるす」という固定概念を取っ払ってみてください。

STEP 2 コーディネートした 状態で吊るす

STEP1の「今週着る服」を、コーディネートした状態でハンガーにかけます。すでに「このトップスにはこのカーディガンを組み合わせる」というように、ある程度自分の中で決まっていることが多いものです。着用したときのイメージも湧きやすく、朝、服に悩む時間の短縮につながります。

STEP 3 色味ごとに 並べる

私は、服を色味ごとに並べるようにしています。それは、クローゼットを開けたときの「うっとり感」を重視しているからです。効率を重視する人は明日着る服が常に一番左に来るように並べたり、分かりやすさを重視する人はTシャツやスカートといったジャンルごとに並べるとよいでしょう。

POINT

私はクローゼットの中を「MAWAハンガー」で統一しています。その中でもボトムスハンガーはとても厚みが薄くて掛けやすく、オススメです。

ストール

アクセサリー

STEP3のアドバイス

実際は毎日違う服を着ているのにいつも同じと言われたことが…。今はストールなどの小物で印象を変えるようにしています。

清掃
CLEANING

使うものを
汚れないように

クローゼットは、「開けっ放し収納」で湿気知らず

以前はとにかく洗いまくっていた洋服。
どうすれば服を汚さなくてすむか、どうすればこの服を長く楽しめるのか？
を考えるようになりました。

冷蔵庫

玄関

寝室＆クローゼット

キッチン

洗面所＆バスルーム

リビング

和室

出産

子育て

パートナー

STEP 1 風通しのよい 収納にする

湿気がこもらないようにするために、日中はクローゼットの扉を開けっ放しにしています。
防虫剤代わりに無印良品のレッドシダーブロック（20本入り500円）を活用しています。

［レッドシダーブロック］

STEP 2 ハンガー同士の すき間を作る

風通しの良い収納を目指して、服同士の距離を最低3センチ（私の場合は5センチ）空けるよう意識しています。
服同士が接触しないのでシワがつきにくく、取り出すのも戻すのもラクにできる「スキマ」をキープします。

3〜5cm

STEP 3 服を洗う 回数を減らす

以前「服を大切にするには洗濯の回数を減らすのが一番」と教えてもらいました。それ以降、朝起きたらすぐにエプロンを着用し、毎晩汚れたエプロンを洗うようにしています。

POINT

服の片づけをするときにいきなりハンガーを買いに行くのではなく、ハンガーをかけるポールの長さを測定し、「ポールの長さ÷3－1」でハンガーの本数を割り出すようにします。

へビロテ

STEP3 のアドバイス

家族にとってはエプロン姿が私の印象になっているので、あえてエプロンだけは4種類持って着まわすように。

清潔
CLEANLINESS

状態をキープ
するために

数を減らして大事に使う。
買わない・借りる・もらう

服の数を厳選したら、大切に使うようになります。
そして、ファッションを楽しむために工夫するようになりました。

冷蔵庫

玄関

寝室&クローゼット

キッチン

洗面所&バスルーム

リビング

和室

出産

子育て

パートナー

STEP 1 「服はレンタル」を辞書に入れる

自分で買う服は「シンプル」で「定番」のものばかりです。そこでトレンドを意識した服はレンタル（私が利用しているのは EDIST CLOSET）することで解決。手持ちの服とのコーディネートも楽しくなってきました。

STEP 2 真冬でもロングコートいらず

かさ張るロングコートは持ちません。
ユニクロ超極暖＋カシミアニット＋ブランケット（ラプアンカンクリ）があれば、真冬でもへっちゃらです。

STEP 3 着物をパジャマ化する

叔母にもらった着物を、パジャマ代わりに使っています。裾をハサミで切って、ほつれないようにミシンで縫っただけです。シルクを肌にまとう気持ちよさは、一度慣れるとやめられません。

POINT

家の中に眠っている「もう着ない浴衣」。まずはその裾を切って、温泉浴衣風にパジャマ替わりにしてみてはいかがでしょうか。

No good...

STEP1のアドバイス

レンタル服を選ぶときについ自分の定番基準で選んでしまい紺色ばかりになったことが…。今はトレンド色を意識してチョイスしています。

動線上に収納すれば、忘れモノ防止＆時短になる

ファッションアイテムを自分の動線上に置いておけば、
忘れないし時短にもつながります。

冷蔵庫

玄関

寝室&クローゼット

キッチン

洗面所&バスルーム

リビング

和室

出産

子育て

パートナー

STEP

1 バッグは特に 意識して減らす

バッグの数は最小限にすることを心がけています。
ニトリのファイルボックスは軽いので、バッグを入れ
てクローゼットの上段に置くのに重宝しています。

ストールは
ココ！

STEP

2 ファッション小物は 玄関までの動線上に

ストールは玄関に。防寒対策も兼ねたストールは、
クローゼットではなく玄関に置くようにしています。

STEP

3 タンスの1段は アイロン用に空けておく

タンスの下段には、これからアイロンがけする衣類
をまとめて収納しています。
それらの衣類・アイロン・アイロン台・ハンガーの
動線が短ければ、日々のアイロンがけが億劫にな
りません。

POINT

バッグは、一度買うと手放すタ
イミングの難しいモノの代表。
購入する場合は、もしも普段使
いしなかったら他にどんな用途
で使えるか、しっかり検討して
から購入します。

NICE！

STEP1のアドバイス

無印良品のボックスを使って重すぎて
断念したことが…。ニトリのボックス
に買い替えて取り出しやすくなりまし
た。

服を何着
持っていますか？

●現在持っている服の数を書き出してみましょう。

服の種類	現状ある服の数		見直し後
半そで トップス （カーディガン含む）	着	➡	着
長そで トップス （カーディガン含む）	着	➡	着
薄手 ボトムス	着	➡	着
厚手 ボトムス	着	➡	着
薄手 ワンピース	着	➡	着
厚手 ワンピース	着	➡	着
薄手 アウター	着	➡	着
厚手 アウター	着	➡	着
仕事着・スーツ	着	➡	着
スイムウェア	着	➡	着
スポーツウェア	着	➡	着
半そで パジャマ	着	➡	着
長そで パジャマ	着	➡	着
部屋着	着	➡	着
冠婚葬祭用	着	➡	着
その他	着	➡	着

合計	着	➡	着

服に対する
こだわりは何ですか?

● 持っている服と理想のこだわりを照らし合わせてみましょう。

【見た目】

- ☑ 万人受けする服を着ていたい
- ☑ 個性的な服を着ていたい
- ☑ アレンジなどの着こなしを楽しみたい
- ☑ 似合う色味を身に着けていたい
- ☑ 小物で楽しみたい

【機能性】

- ☑ 気軽に洗濯機で洗えるかどうか
- ☑ シワになる（アイロンが必要な）素材かどうか
- ☑ 汗じみや汚れが目立たないかどうか
- ☑ 保温性・通気性に優れているかどうか
- ☑ 動きやすいなど着ていてラクかどうか

【価格・ブランド】

- ☑ 好きなブランドばかり
- ☑ すこし背伸びした服を着ていたい
- ☑ とにかく数がほしい（色違いも買う）
- ☑ セール品や福袋を好んで買う
- ☑ 安い時にまとめ買いしておきたい

【欠点カバー】

- ☑ 少しでもスタイルをよく見せたい
- ☑ 顔映りがいい色味かどうか
- ☑ 背の高さ（低さ）をカバーできる服
- ☑ 大人っぽく・若く見せたい

5年後のファッションを考えましょう

● 5年後の自分を想像したとき、パッと見でどんな人だと思われたいですか?

- ☑ オシャレな人
- ☑ カッコいい人
- ☑ 女性らしい人
- ☑ エレガントな人
- ☑ 大人っぽい人
- ☑ 若い人
- ☑ 清楚な人
- ☑ 知的な人
- ☑ 優しい人

● どんな服を着ていたいですか?

- ☑ トレンドに合った服
- ☑ スタンダードな服
- ☑ 個性的な服
- ☑ 清潔感のある服
- ☑ 着心地のいい素材の服
- ☑ 体をしめつけないラクな服
- ☑ 着ると背筋が伸びる服

● 第一印象として「憧れの有名人」を挙げてください。

持っているバッグを
書けるだけ書き出してみましょう

● 現在持っているバッグの数を書き出してみましょう。

特大 旅行・仕事用	個	**小** 仕事用ハンドバッグ	個
大 旅行・仕事用	個	**小** ふだん使い用ハンドバッグ	個
中 仕事用トート	個	**小** 冠婚葬祭用ハンドバッグ	個
中 仕事用ショルダー	個	**小** ポーチ	個
中 ふだん使い用トート	個	エコバッグ	個
中 ふだん使い用ショルダー	個		

「〇〇用バッグ」に対する
こだわりは何ですか?

【見た目】

☑ 自分のセンスに合っているバッグかどうか
☑ 使いまわしがきくことが大切
☑ 好きな形、好きな色にこだわって買う
☑ その日の服に合わせてバッグを取り換える

【大きさ・機能】

☑ 収納量を一番重要視する
☑ カギがすぐ見つかる、など仕切りが重要
☑ バッグ自体の軽さがとにかく大事
☑ 3wayなど機能を重視する

【ステータス】

☑ 持っていて気分が上がるかどうか
☑ 高級なバッグを大事に使い、味わいを楽しむ
☑ 有名人やモデルの間で人気かどうか
☑ 少しだけ優越感を感じられるかどうか

【丈夫さ・素材】

☑ 丈夫・耐久性があることを重要視する
☑ キャンバス地や本革など、素材にこだわりがある
☑ 一点モノや手仕事など、品質にこだわる
☑ オールシーズン使える素材であることが大事

COLUMN-03

エッ？ それ、なくてもやっていけるの？
~ クローゼット編 ~

私は、自宅で片づけ講座を行っています。収納もお見せするのですが、クローゼットをご覧になったお客様は、モノの少なさ以上に「エッ？ それ、なくてもやっていけるの？」と驚かれます。その中でも、「特に驚かれることトップ3」をご紹介します。

第 1 位　パジャマがない

冬は、パジャマがわりに着物を素肌にまとって寝ています。帯は伊達締めのワンタッチマジックベルト。洗濯についてよくご質問いただくのですが、我が家では覚悟を決めて洗濯から乾燥まで洗濯機で行っています。縮む分にはありがたいくらいですので、気になりません。
また、夏は浴衣を着て、そのときは伊達締めシャーリングを帯として使っています。浴衣も洗濯から乾燥まで行うのですが、素材的にシワが目立つため、その後アイロンをかけています。

第 2 位　デニムパンツがない

デニムの肌ざわりが好きではないというのもありますが、そもそもデニムNGな場所はあっても、デニムじゃないと行けない場所などないので、必要性を感じたことがありません。デニムとTシャツをサラッと着こなすなんて、私からするとオシャレ上級者です。

第 3 位　半袖Tシャツがない

これも、うまく着こなせる自信がないので持っていません。大人になってからは「Tシャツ必須」のシーンに出くわしたことがありませんし、別になくて困ることはありません。半袖を買うくらいなら、ノースリーブか七分袖を購入します（七分袖のカットソーは、防寒のアンダーウェアとして1枚持っています）。

キッチン KITCHEN

整理
ARRANGEMENT
やめることを
決める

兼用できるモノ選びでスペースを確保する

フルーツ専用、来客専用…などの専用調理機器。
全部やめたら吊戸棚に入れるものがなくなったので、思いきってプチリフォームで取っ払ってしまいました。

STEP 1 トースターは いらない

トースターをやめました。自宅で利き酒ならぬ"利きパン"を実施したところ、ポップアップトースターよりも「Staub グリルパン」で焼いた方がダンゼンおいしかったのです。

[Staub グリルパン]

STEP 2 炊飯器も いらない

炊飯器をやめ、ご飯用の土鍋を愛用しています。圧力鍋で炊くよりもお米の粒が立ちます。ごはんが残ったら、土鍋のまま冷蔵庫へ。朝はそのまま電子レンジ OK！なので、おひつ代わりにもなります。

STEP 3 やかん・ポットも いらない

やかんをやめてミルクポットを使用しています。私が使っているのはシリット社のミルクポット。シラルガンという鉱石で作られていて、これで沸かした白湯はまろやかになります。揚げ物や炊飯にも使える万能選手です。

POINT
キッチン家電を使いこなすポイントは収納場所。コンセントの近くに置き場所を集結させます。付属の外箱に収納するのではなく、いつでも使えるようにゆったり収納します。

BIG...!

STEP2 のアドバイス
土鍋を4合炊きから5合炊きにサイズアップしたら、想像以上に大きく…購入前にサイズを確認しておいてよかったです。

整頓
TIDYING

いつでも
使えるように

カトラリーを
家族用／来客用で
分ける

キッチン用品は「来客用にいくつ置いておくか」を決めてしまうのが、
片づけ成功のカギです。

STEP 1 付属品を疑ってみる

システムキッチン付属の収納でうまく収納できない場合は、無印のPP（ポリプロピレン）ケースを使って収納してみませんか？これならケースごと食卓に出すこともできます。見栄えを重視するなら、カゴに収納してもよいですね。

STEP 2 おもてなしのキャパを決めておく

我が家では、「家のカトラリーで対応できる人数は4名まで」と決まっています。4名以上の来客があるとわかったら、割り箸や紙皿を買いに100円ショップへ行きます。

STEP 3 ふだん使いと来客用をキッチリ分ける

手前が自宅用、一番奥が来客用と分けています。ふだん使うカトラリーの数を厳選すると、視線を移すことなく「取る」「戻す」が可能になりました。もちろん、ふだん使っていて足りない場合は来客用を使うこともあります。

POINT

スプーンはよく使うのでたくさんほしい、と言いつつ、無意識に自分が使いやすいスプーンを探してしまうもの。厳選すれば、サッと見つけられてストレスが軽減されます。

サイズに注意！

STEP1のアドバイス

無印良品のPPケースではお箸が入りらないことが…。我が家では、お箸は直接引き出しに収納しています。

整頓
TIDYING

いつでも
使えるように

食器類を
並べる贅沢「姿置き」

「超一軍」の調理機器は、いつでも使えるよう、
ゆったり贅沢に配置しておくように心がけています。

冷蔵庫

玄関

寝室&クローゼット

キッチン

洗面所&バスルーム

リビング

和室

出産

子育て

パートナー

1 毎食使うから、重ねない収納。

よく使う超一軍の食器こそ、数を減らしてゆったり収納したいもの。毎食必須の取り皿は、100均のディッシュラックで立てて収納。これなら食器同士が重なることがないので、3歳の子どももお手伝いしてくれます。

2 2個ずつ買う、と決めてしまう

気に入っているからこそ、器は2つずつそろえるようにしています。重ねるときも、2個ずつだと片手で取れて戻しやすいのです。

3 並べて置けば一目瞭然

よく使う食品保存容器は、定位置に並べて収納しています。ひとめですべてが見渡せるので、何を使っているかが一目瞭然。ゆったり収納で「取り出しやすく、戻しやすい」ことを心がけています。

POINT

食器類を厳選すると、我が家のような5人家族でも食器棚が必要なくなります。〇〇専用の食器ではなく、いろんな用途に使える食器を選ぶことがポイントです。

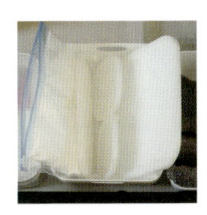

STEP3のアドバイス

フタを一緒に収納していると使いづらいことが…。フタをするのは冷蔵庫に入れるとき!と知ってから、フタはまとめて冷蔵庫近くに収納しています。

キッチン

清掃
CLEANING
使うものを
汚れないように

掃除する日を
毎日・週1・月1で
分ける

毎日、細部までは掃除できませんよね。
五徳や換気扇など、場所ごとに掃除する周期を決めておくようにしています。

STEP 1 一日の終わりに 床を拭く

我が家にはキッチンマットがありません。そこで、毎日するのは「キッチンの床拭き。」コストコショップタオル＋パストリーゼ77で除菌しながら拭くのが日課です。しつこい汚れの場合は、セスキ炭酸水を使うこともあります。

STEP 2 全部まとめて 週1で洗いきる

週に1度はコンロ回りの部品を「オキシ漬け」します。そのとき、一緒にお鍋やキッチンツールも漬けるようにしています。

STEP 3 定期清掃で フィルターいらず

シロッコファンは2ヶ月に1回掃除（これもオキシ漬け）しています。今まではフィルターをつけていたのですが、定期的に掃除するようになってからはすぐに汚れが落ちるので、フィルターをやめました。

POINT

毎日の汚れはキッチン使用後の熱いうちに軽くふき取るだけにして、あとは週に1回オキシ漬けに任せる方が、掃除の時短につながっています。

Oh...

STEP3 のアドバイス

シロッコファン。実は14年間も放置していたため、オキシ漬け連続3回でやっと汚れが落ちました。それ以降は2ヶ月ごとをルールに。

冷蔵庫　玄関　寝室＆クローゼット　キッチン　洗面所＆バスルーム　リビング　和室　出産　子育て　パートナー

清掃
CLEANING
使うものを
汚れないように

キッチンを、
ゴミ箱だらけにしない
ためにできること

日々使うゴミ箱をなるべく汚さないために、
「なるべくゴミを持ち込まない」ように心がけています。

STEP 1 ゴミ箱は家の中にひとつだけ

「ゴミを捨てるのは大変なこと」というイメージを持つために、家の中にゴミ箱はキッチンの一ヶ所だけにしています。ゴミ箱が遠いので、結果的にゴミの量が少なくなる傾向にあると感じています。

STEP 2 買い物はゴミの日の前日に

我が家では、ゴミの日の前日に買い物に行きます。可燃ゴミはもちろんこと、プラゴミになりそうなモノも取り除いた上で冷蔵庫に入れるようにしています。そうすることで買い物に行った日しかプラゴミが出ないので、家の中にプラゴミ専用のゴミ箱は必要ありません。

STEP 3 ゴミはすぐに家から出す

資源ゴミになるものはなるべく買わないように心がけていますが、空き缶や段ボールが発生した場合は、翌日資源ゴミステーションに持ち込むようにしています。

POINT

我が家の周辺には24時間OKの資源ゴミステーションが2ヶ所あります。ぜひ、ご自宅の近くに資源ごみを回収してくれる場所があるかどうかを調べてみてください。

次回すぐ捨てるために

STEP3 のアドバイス

うまく捨てに行けない場合も…。まずは車にだけは積んでおくようにしています。出先周辺に資源ごみステーションがあることも。

冷蔵庫

玄関

寝室＆クローゼット

キッチン

洗面所＆バスルーム

リビング

和室

出産

子育て

パートナー

清潔
CLEANLINESS

状態をキープ
するために

キッチンを
油で汚さない

食事作りを楽しんで続けるためには、
「キッチンを汚さない→後片づけがラク」になるようにする努力が必要です。

STEP 1 大皿は持たない

我が家では、大皿料理はお鍋のままダイニングテーブルに出します。Staub の鍋は、保温力が高いので、食卓に出しっぱなしにしてもなかなか冷めないところも気に入っています。同時に洗い物も減って、一石二鳥です。

STEP 2 スチームオーブンレンジを使いこなす

時短調理を心がけてみませんか？我が家では副菜は電子レンジ調理するようにしています。イワキのガラス製タッパーで調理すればそのまま器としても使えるので、これも洗い物が少なくなります。

STEP 3 コンロを使わない

メイン料理はなるべくコンロを使わないようにしています。購入してから1年、毎日のようにメイン料理は「ヘルシオ ホットクック」にまかせています。また、唐揚げ・焼き魚などはスチームオーブンレンジをフル活用して、キッチンが油で汚れることを防いでいます。

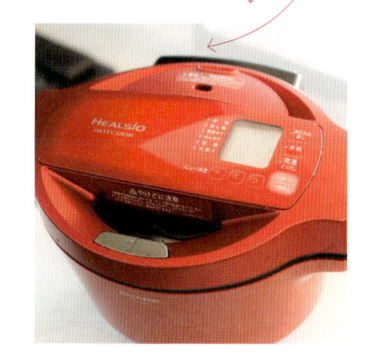

【ヘルシオ ホットクック】

POINT

キッチンでの滞在時間を一番占領しているのは "掃除・後片づけ時間" です。これをいかに短くするかが、時短家事のカギになります。

STEP2 のアドバイス

冬は電化製品がフル稼働なので、電子レンジを使用した瞬間にブレーカーが落ちることが…。「電子レンジ使っていい？」と必ず家族に確認します。

冷蔵庫

玄関

寝室&クローゼット

キッチン

洗面所&バスルーム

リビング

和室

出産

子育て

パートナー

しつけ

DISCIPLINE

ルールを
守るために

スライダー式
ジップロック収納で
ラクラク時短

私がキッチンを片づけるときにこだわったのは、
「少しでも調理にかける時間を減らしたい」ということでした。

STEP 1 万能収納グッズ "ジップロック"

我が家では、スライダー式ジップロックをキッチン収納としてフル活用しています。まずはゴミ袋やナイロン袋の収納として使ってみましょう。このジップロックは、コストコで買うと一枚当たり11円と破格です。

STEP 2 ボウルを使わず下ごしらえ

続いてジップロックを調理に使います。野菜やお肉は大きいサイズに入れて、みそ味や塩味、しょうゆ味などお好みで下味をつけたら冷凍庫へ。あとは自然解凍して熱を入れるだけです。ボウルやまな板なども一切使うことなく衛生的で、後片づけいらずです。

STEP 3 コスメもジップロックへ

こんな使い方も!大容量で購入したフェイスパックはダブルジップのモノが多く、使うたびにプチストレスがありました。これもスライダー式ジップロックに入れ替えて、冷蔵庫で管理しています。

POINT

スライダー式ジップロックを洗って乾かして使い回すことはしません。ただし同じ食材(肉や魚を除く)を入れるなら2回までは使う、と自分の中でルールを決めています。

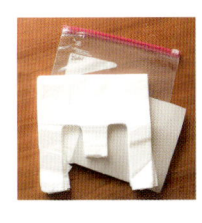

STEP1のアドバイス

ナイロン袋が減ってくるとうまく取り出せないことが…。厚紙を一枚入れておくことで、最後まで取り出しやすさが継続します。

来客人数を
考えてみましょう

● 今まで自宅に招いた最大来客人数は何人ですか？

大人		人

子ども		人

● 今、来客用の食器はいくつありますか？

グラス		個
コーヒーカップ		客
ティーカップ		客
日本茶お湯のみ		客
ケーキなど取り皿		枚

スプーン		本
フォーク		本
箸		膳
その他のうつわ		枚

● 紙皿・紙コップ・割りばしで対応するのは何人以上ですか？

大人		人

子ども		人

家族の食事スタイルを
知りましょう

◉自分のスタイルを知って、必要なモノを見直しましょう。

A 定食料理タイプ

- 栄養バランスを重視する
- 旬の食材を使う
- 調味料にこだわりがある
- 食後の洗い物が多い

▶ ○○専用の食器が多い

B 定番料理タイプ

- 大さじ小さじはキッチリと
- 梅仕事・味噌づくりなどを行う
- アレンジはあまりしない
- 作り置きをしている

▶ いつも同じ食器を
   使うことが多い

C 大皿でワイワイタイプ

- メインは大皿料理が多い
- レシピはだいたい覚えている
- 調味料は目分量
- 外食よりも家で食べることが多い
- 節約を考えた食事づくり

▶ 来客用に確保している
   食器が多い

D 新料理にチャレンジタイプ

- 見た目の華やかさ重視
- スパイスがたくさんある
- レシピ本をよく買う
- タニタ食堂のレシピや、塩こうじに
  ハマった時期がある

▶ 新しい食器をどんどん買う

COLUMN - 04

エッ？ それ、なくてもやっていけるの？
～ キッチン編 ～

「我が家のキッチンを見て驚かれることベスト3」をご紹介します。

第 1 位　フライパンがない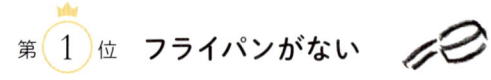

どのご家庭にもあるフライパンを持っていません。我が家にあるのは、目玉焼き1つとソーセージ2本程度が乗る、直径18cmのスキレットだけ。基本的にコンロで調理しない主義なのですが、焼きそばと餃子だけはコンロ調理以外だとうまくいかず、そんなときは「Staub ココットオーバル 27cm」を使っています。今のところ、フライパンがほしいと思ったことは一度もありません。

第 2 位　水切りザルがない

そもそもボウルも1つしか持っていないのですが、「水切りザルを使うシーンが思い浮かばない」のです。野菜をゆでるときは「アク取り」を使いますし、そうめんをゆでるときは、菜箸を使えば問題ありません。お米はご飯用土鍋の中でとぎます。また、水切りザルは収納場所をとるし、網目に食材がはさまるので洗いにくいため、私には必要ない、と割り切っています。

第 3 位　計量カップがない

以前お菓子作りに励んでいたときは使っていましたが、無印良品のガラス製計量カップを長女が割ってから半年、なくてもまったく問題ないことに気づきました。そもそも精密さが必要なときは大さじスプーンで計りますし、量が多いときはデジタルスケールで測定（水100ccは100g、油100ccは90g）すれば現状問題ありません。いつか長女が大きくなって「お菓子を作りたい！」と言い出したら、そのときに買おうと思います。

洗面所 & バスルーム

WASHROOM & BATHROOM

整理
ARRANGEMENT
やめることを
決める

狭いからこそ、モノを減らして循環させる

いつか使うかも…のストックを減らしたら、
我が家の狭いバスルームでもしくみが回りはじめました。

STEP 1 タオルを いっせいに買い替える

まずはタオルの循環からスタート！先入れ先出しで
「使う時は右から取って洗濯後は左に戻す」ことでタ
オルが循環するため、劣化の具合が同じになります。

STEP 2 ストックは 極力持たない

日用品のストックを極力減らすように心がけていま
す。どうしてもストックしておきたい場合は、外袋
から出していつでも使えるようにスタンバイしてお
きましょう。そのひと手間が視覚を通して記憶にも
残るので、二度買いを防ぐことができます。

STEP 3 万能洗剤で ストックの呪縛から解放

専用洗剤をやめて万能洗剤を使うことで、ストック
管理をしなくてもよくなりました。私が使用してい
るのは「えがおの力（4ℓで6600円）」です。濃
縮タイプなので、最後の1回を詰め替え終わったら
注文する、とすればストックが切れて困ることもあ
りません。

POINT

フェイスタオルをたくさん使う
ご家庭は、一部をハンドタオル
に変えてみることを検討しては
いかがでしょう。洗濯の量を減
らすことで家事効率が一気に
アップしますよ。

2枚

STEP1 のアドバイス

タオルに関しては、家族全員に意思を
確認しないともめます。我が家では、夫
のこだわりのためにバスタオルを2枚置
いておくことにしています。

冷蔵庫

玄関

寝室＆クローゼット

キッチン

洗面所＆バスルーム

リビング

和室

出産

子育て

パートナー

整頓
TIDYING

いつでも
使えるように

洗濯機まわりは
「コックピット収納」に

毎日使う下着やタオルだからこそ、
ムダな動きをゼロで戻せて取り出せるよう、収納を工夫しています。

STEP 1 しまう手間を 極限まで減らす

我が家は洗濯機で乾燥まで行うので、取り出したタオル、下着、パジャマを一歩も動かず収納するしくみを作っています。外で干す人は、洗濯機から取り出して干すまでに一歩も動かずに必要なグッズを取れるよう、工夫してみてはどうでしょう。

STEP 2 なければ作る、 極狭収納

洗濯機の周りに収納がなければ、ぜひ極狭収納をつくってみましょう。無印良品の PP ボックス（浅型/800 円、深型/900 円）なら、隙間 14㎝で作ることができます。ゴミが貯まりやすい洗濯パンの上に木の板を数枚置くだけで土台が完成します。我が家では、週末に子どもたちと一緒に作りました。

板を置けば収納スペースに！

STEP 3 タオルと下着の 劣化速度を合わせる

タオル同様、下着も循環収納で劣化スピードを合わせています。下着に関してはパーツごとに小分け収納すれば「見やすい・取り出しやすい・戻しやすい」と、家事効率が一気に上がりました。

POINT

収納グッズを買うときは、必要なくなったときに他の場所でも使えるものを選んでいます。下着収納はタテにもヨコにも使える無印良品 PP 小物収納ボックス 3 段/2000 円です。

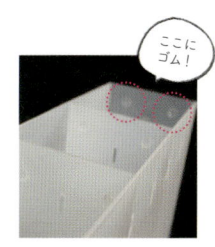

ここにゴム！

STEP3 のアドバイス

無印良品の収納ボックスは引き出しストッパーがないのが残念。100 円ショップのクッションゴムで簡易ストッパーを作成しました。

冷蔵庫
玄関
寝室＆クローゼット
キッチン
洗面所＆バスルーム
リビング
和室
出産
子育て
パートナー

清掃
CLEANING

使うものを
汚れないように

手強い汚れに
なる前に手を打つ

水を使う場所の掃除はカビと防腐に注意。
汚れてから対応するのではなく、事前に汚れないよう準備をしておきます。

冷蔵庫

玄関

寝室＆クローゼット

キッチン

洗面所＆バスルーム

リビング

和室

出産

子育て

パートナー

STEP 1 防腐は先手必勝

濡れたコップや歯ブラシを置いておく場所には、あらかじめコストコのプレスシールを敷いて、収納棚の劣化を防いでいます。拭き掃除をしなくても、プレスシールを引き直せば掃除は終了。

STEP 2 入浴中にお風呂掃除を終わらせる

古い歯ブラシとメラミンスポンジをお風呂に常備。シャワーの水がお湯に変わるまでの間に、カビを見つけてはゴシゴシ。さらに身体を洗いながら汚れをチェックして、子どもたちも一緒に楽しみながら掃除をしています。

STEP 3 ドライヤーのコードは巻かない

ドライヤーは100均カゴへ。電源コードを気にすることなく「放り込むだけ」の収納です。カゴが髪の毛やほこりをキャッチしてくれるので、棚の中に髪の毛が散らばることもありません。

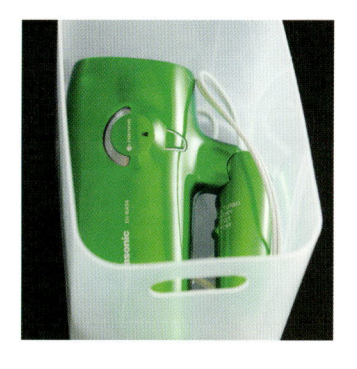

POINT

衛生面が気になるバスルームは、毎日少しずつ掃除するように心がけています。顔を拭いたタオルでさっと拭いたり、歯みがきしながら汚れをチェックするようにしています。

すんなり切れる

STEP1 のアドバイス

プレスシールの欠点は、付属のカッターが使いづらいこと。コストコで販売されているフードラップのカッターを付け替えてストレスフリーに。

清潔
CLEANLINESS
状態をキープ
するために

乱れない
洗面エリアを作る

気持ちの良い状態をキープするために、
容器を詰め替えるアイテムを決めています。

冷蔵庫

玄関

寝室&クローゼット

キッチン

洗面所&バスルーム

リビング

和室

出産

子育て

パートナー

STEP 1 "使い勝手"で 詰め替える

見た目ではなく、「毎日使うかどうか」「フタを開けて指ですくうタイプかどうか」で詰め替えるかどうかを決めています。

STEP 2 詰め替え容器は 慎重に選ぶ

詰め替えたいグッズが決まったら、100均で容器を購入します。プッシュするたびに底が上がっていく真空式タイプがおススメです。

STEP 3 フタは いらない

スプレーやコスメなどのフタは、基本的に開けっ放しにしています。噴射口の向きがわかりにくい場合はマークをつけ、時短を心がけています。

POINT

鏡ウラ収納は奥行きが狭く、何かが倒れると将棋倒しになることも。たくさん詰め込まず、ゆったり収納を心がけています。見栄えを良くするには、目線以上の棚の空間を意識して。

NG!

STEP2のアドバイス

ハード系のヘアワックスだけは詰め替え後のプッシュに力が必要で…。そういう場合は、真空式ボトルよりもソフトボトルがオススメです。

しつけ
DISCIPLINE

ルールを
守るために

使う順番が
決まっているものは
「立てる」

毎日決まった順番で行うメイクは "収納で時短" が可能です。

STEP 1 使う順で グッズを分ける

メイクのグッズは「順番」が大切。次に使うモノが
わかるよう、仕切りが細かい立てるボックスがオスス
スメです。私は100円ショップの収納ボックスを愛
用しています。

STEP 2 ポーチよりも カゴ重視

メイクポーチは、使ったモノが上に重なるので次に
使うコスメが取りにくいことが難点。一目で見渡せ
るカゴ収納がオススメです。

STEP 3 メイクする場所を 変えていく

冬は寒いのでリビングでメイク、夏は暑いのでバス
ルームでメイク、というように、季節や状況に応じ
てメイクする場所を移動するようにしています。そ
のときに持ち運びしやすいよう、冬は小さいバッグ
を使っています。

POINT

メイクする場所の条件は3つ。
①大きな鏡があること②明る
いこと③手を洗えること。
固定概念を捨てて、それぞれの
暮らしにあった場所でのメイク
をオススメします。

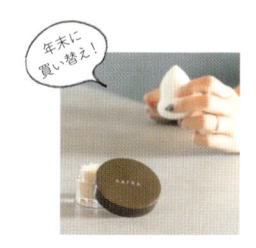

年末に
買い替え！

STEP1のアドバイス

コスメ類は一度買うとなかなか減らな
いので、気がつくと何年も同じものを
使っているなんてことも。意識して年
末に買い替えるようにしています。

タオルの枚数を数えてみましょう

● 現在持っているタオルの数を書き出してみましょう。

タオルの種類	現状あるタオルの数
ハンドタオル	枚
フェイスタオル	枚
バスタオル	枚
その他	枚

合計	枚

● 現状のタオル収納への「プチストレス」を挙げてみましょう。

（例）「タオルの枚数が多すぎる」など

洗面所にあるものを
ジャンル分けしてみましょう

● お風呂グッズ系

(例) シャンプー、ボディソープのストックなど

● 洗濯系

(例) ハンガー、洗濯ばさみ、洗濯洗剤、柔軟剤、洗濯ネットなど

● タオル系

(例) バスタオル、フェイスタオルなど

● 掃除系

(例) お風呂洗剤、カビキラー、タワシなど

● ボディ・マウス・ヘア系

(例) クリームやヘアケアグッズ、歯ブラシなど毎日使うもの

ご家庭によっては、こんなジャンルも！

- 化粧品　● 塗り薬　● パジャマ
- 習いごとグッズ
- 加湿器や除湿器などの空調家電

パジャマや下着の数を決めてみましょう

● パジャマをどれくらいの頻度で洗う？

(目安：週●回)

● パジャマは何枚ストックが必要？

(目安：●枚)

● 下着を何枚持っていますか？

アンダーウェア	枚
靴下	枚
シャツ（キャミソール）	枚
その他	枚

COLUMN-05

バスルームのシンク下収納を
ウットリ収納に変えるコツ

もともとの我が家の収納はこちら。
中に入っているモノ・量は現在でもほぼ同じ。とはいえ、雑然とした雰囲気が伝わると思います。

01
分ける

まず最初にやることは「分ける」作業です。バスルームの収納ですから、基本的には「掃除用品」「洗濯用品」「その他」でジャンル分けします。家にある収納グッズを使ってざっくりと分けてみました。このとき、使用頻度を考えて「よく使うモノは手前に！」と置くと、より使いやすさがUPします。

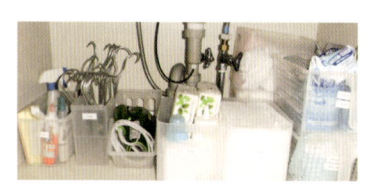

02
高さをそろえる

つぎに大切なのが、「高さをそろえる」こと。100円ショップで収納ボックスを購入します（すでに仮置きまで終わっているので、どんな大きさの収納グッズをいくつ買えばいいのかは一目瞭然です）。

03
色味をそろえる

最後に「色味をそろえる」ために、モノの詰め替えを行いました。
やっぱり、バスルームは白で統一するとスッキリ見えますね。

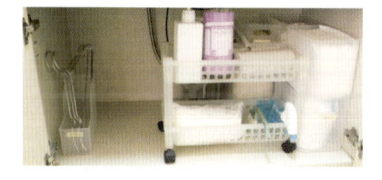

さらに、今現在はこのようになっています。その時々で使用頻度の高いものが変わっていくので、時短につながるようにプチ変更するようにしています。

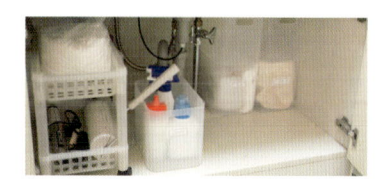

リビング LIVING

「ながら見」を
なくすためにテレビは
リビングに置かない

リビングでどんなふうに過ごしたいか？を家族で話し合った結果、
我が家はリビングでテレビを観ることをやめました。

冷蔵庫

玄関

寝室&クローゼット

キッチン

洗面所&バスルーム

リビング

和室

出産

子育て

パートナー

1 観たい番組は
録画で観る

「観たい番組はすべて録画する」というルールを決め、録画番組を観終わったらテレビを消す。この状態で1ヶ月ほど過ごします。次第に録画を消去するのも面倒になり、自分にとって本当に必要な番組を選別することができます。

2 テレビの正面に
ソファを置かない

テレビの正面に椅子やソファがあると、ついついテレビを点けたくなるものです。あえてテレビの正面に座るモノを置かないように模様替えしましょう。我が家はリビング続きの隣の部屋に移してみました。その状態でさらに1ヶ月ほど過ごします。

3 テレビだけを
観る部屋を作る

次第にテレビが点いていないことが暮らしの一部になります。そうなると、いよいよテレビを別室へ移動。我が家は「いつかの子ども部屋」にしようと思っていた洋室へ移動。そこにはテレビの真正面にソファを配置。小さいながらも集中できるテレビルームの完成です。

POINT

「テレビルームにはオモチャや食べ物を持ち込まない」というルールも必要。短時間でも集中してテレビを観ることで、十分に満足感が得られます。

FUN!

STEP3 のアドバイス

子どもがテレビを観ているときに大人も一緒だと、つい長時間になる傾向が。そこで、大人は一緒に観ないことをルール化しました。

整理
ARRANGEMENT

やめることを
決める

家族の会話が増える
ダイニングへ

家族の会話を増やすために、リビングダイニングでの家具の固定概念を
取り払いました。

STEP 1 家族が自然と隣に座る家具配置

リビングに集う人が向かい合わせにならないように、椅子の配置に気をつけてみましょう。
一番の対策は、ダイニングテーブルを丸テーブルにすること。人同士が自然と隣に座るので、会話が増えます。

STEP 2 ダイニング専用椅子を減らす

我が家は5人家族ですが、ダイニングチェアは2脚。たくさんあっても、荷物置きになってしまっては意味がありません。必要なときに手軽に追加できる椅子があると便利です。ダイニングチェアが少なくなれば、掃除も楽になります。

持って移動

STEP 3 季節ごとに模様替えをする

雑貨で部屋を飾るよりも模様替えをする方が、部屋の印象は大きく変わります。我が家では、3ヶ月に1回は行います。春は外の花を眺める位置にソファを、夏はエアコンの風があたる位置にダイニングテーブルを、といった具合です。家具の下のほこりや落とし物も見つけやすくなります。

POINT

リビングでどのように過ごすかは、そのときどきで大きく変わります。お正月だけはリビングでTVを観ることも。大物家具は耐震性に注意しつつ、壁に固定しないようにしています。

ぬくぬく

STEP2のアドバイス

来客が多いときは、どうしてもダイニングテーブルの椅子が足りない事態に…。そんなときはコタツを使って座卓で対応します。

整頓
TIDYING

いつでも
使えるように

薬を片づけると
グッとスペースが空く

夜中に薬が必要なとき、自分が不在で家族に薬が必要なとき、
誰でもパッと見てわかる収納にしておきたいものです。

冷蔵庫

玄関

寝室＆クローゼット

キッチン

洗面所＆バスルーム

リビング

和室

出産

子育て

パートナー

STEP 1 外箱や袋は必要なし

まずは市販の薬の外箱、調剤薬局の紙袋からすべて出します。

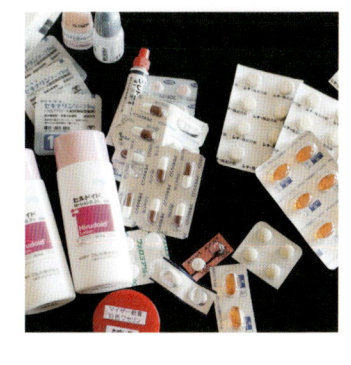

薬の種類で
分ける

STEP 2 飲む？貼る？塗る？で分ける

それらの薬を「水を使って飲む薬」「貼り薬」「塗り薬」の三種類に分けます。

STEP 3 誰のもの？効用は？で細分化

さらに人、効用で分けましょう。それぞれを小型のスライダー式ジップロックに収納します。もしくは小分け収納ボックスでも◎。我が家では飲み薬はキッチンのグラス置き場付近、塗る薬はお風呂上りに塗ることが多いので、バスルームに配置しています。

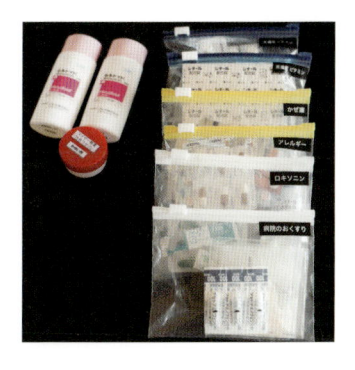

POINT

薬は出しっぱなしにしているとカラフルなパッケージが目につき、生活感が出てしまいます。外箱の効用が必要なら、その部分だけ切ってジップロックに入れておきましょう。

STEP3のアドバイス

小分け収納ボックスに入れたところ、ベビーが取り出せることが判明！慌ててジップロックに戻しました。

整頓
TIDYING
いつでも
使えるように

文具は、立てる？
並べる？

リビングは共有スペース。住む人に合った収納を知って、
みんなが使いやすいようにすることも大切です。

STEP 1　文具は1軍と2軍に分ける

文具は1軍と2軍に分けます。1軍の量は多すぎると元の場所に戻すのが面倒になってしまうので、「最低限必要」な本数だけにとどめます。2軍は別途、引き出しの奥へ収納しておきます。

STEP 2　立てて収納するメリット

戻すのが苦にならない、または数が多いなら、立てて収納することをオススメします。「切るもの」「貼るもの」「測るもの」「書くもの」「衛生用品」に分けて収納すると取り出しやすくなります。

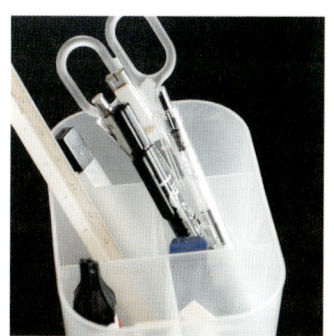

STEP 3　並べて収納するメリット

パッと見てすべてを見渡したいなら、並べる収納がオススメです。ハサミがない！などすぐに気がつきます。サッと取り出せて、戻すときも放り込み収納なのでラクです。たくさんモノを入れると見渡せないので、最低限まで減らすことがポイントです。

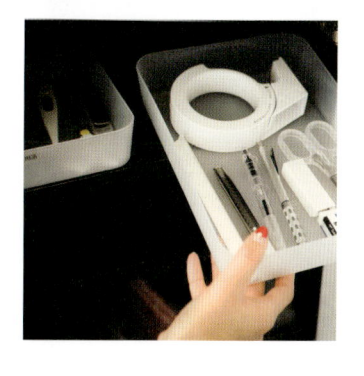

POINT

子どもたちは、学校で使っている筆箱を家でも使っています。これにより、家の1軍文具に鉛筆や消しゴム、定規などは必要なくなります。

Masking tape

STEP2のアドバイス

立てて収納するとき、ボールペンなのかシャープペンシルなのかが取り出すまでわからないことが。そんなときは、目印のシールを貼ると◎。

清掃
CLEANING

使うものを
汚れないように

苦手な虫には
ハッカ油×ヒバ油!

部屋中心地よい香りに包まれながら、苦手な虫を撃退。
そんな一石二鳥のアイテムを愛用しています。

STEP 1 すぐに作れる 虫よけスプレー

リビングの掃除では、苦手な虫（ゴキブリ・ムカデ）を近づけないように気をつけています。そこで自家製ハッカ油＆ヒバ油スプレーを作っています。

準備するもの：無水エタノール、ヒバ油、ハッカ油、水
①エタノールにオイルを10滴ずつ入れてよく混ぜる
②エタノール：水＝1：9で入れる

STEP 2 そのまま掃除に 使ってよし

虫の入り口、窓ふきに最適！夏場は網戸にも吹きかけておきます。スプレーの香りが薄くなると効力が弱まるので、2〜3日以内で使いきるようにしています。

STEP 3 部屋で使って ルームフレグランス代わりに

フローリングの拭き掃除にもこのスプレーを使っています。部屋の中がハッカの香りに包まれて、アロマポットいらず。夏はハッカの香りで涼しく感じます。

POINT

蚊にも効果があるようですが、市販の虫よけスプレーにはかなわないという印象です。清涼感を味わえるので夏場は活躍しています。

Handle with care!

STEP1のアドバイス

順番を間違えて水を先に入れてしまうと、水とオイルが分離して混ざりません。必ず先にエタノールとオイルをしっかり混ぜましょう。

冷蔵庫
玄関
寝室＆クローゼット
キッチン
洗面所＆バスルーム
リビング
和室
出産
子育て
パートナー

清潔
CLEANLINESS

状態をキープ
するために

雑貨に頼らない
リビングにする

グリーンと壁紙で、部屋の印象は大きく変わります。
客観視するために、完成形を写真に撮ることも。

冷蔵庫

玄関

寝室&クローゼット

キッチン

洗面所&バスルーム

リビング

和室

出産

子育て

パートナー

STEP 1 ちょい置き防止に "お花を飾る"

ダイニングテーブルと壁の接点、キッチンカウンターの隅など、ついモノを置きがちな場所はあえて飾るようにしています。飾るものは"生花"。毎日水を換えるので無意識で濡れてしまうと思うのか、他の物を置く気になりません。

STEP 2 グリーンを 満喫する方法

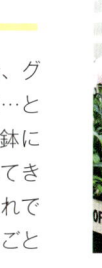

我が家のようなマンションのバルコニーの場合、グリーンを置きたいけれど土の入れ替えが面倒…という声をよく聞きます。そこで、我が家は植木鉢にある程度土を入れた状態で、その上に購入してきた苗をポットのまま置くようにしています。これで半年ほどもつ花も！土は変えずに、苗をポットごと交換するだけの手軽さです。

STEP 3 壁の色を 変えてみる

リビングの壁を塗り替えています。ホームセンターで購入した室内用ペンキを使い、壁紙の上からペンキを塗っています。部屋の雰囲気が一気に変わります。

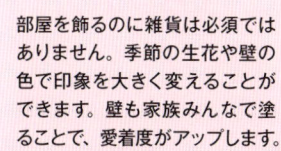

POINT

部屋を飾るのに雑貨は必須ではありません。季節の生花や壁の色で印象を大きく変えることができます。壁も家族みんなで塗ることで、愛着度がアップします。

STEP3 のアドバイス

キッチンカウンターは色に納得できず、なんと4回も塗り替えています。気軽に色を変えられるところがいいんですよね。

しつけ
DISCIPLINE

ルールを
守るために

捨ててはいけない！
リビングの4種の神器

時短のために家具や雑貨を捨てすぎた過去をもつ我が家。
リビングのような心地よい空間は、ズバリ！「捨てすぎ禁止」です。

STEP 1 香りを 楽しむ

素敵なリビングはアロマの香りがします。ハッカ油で掃除をするもよし、アロマポットを炊いたり、キャンドルを炊いたりすると雰囲気が出ておススメです。

STEP 2 光を 工夫する

素敵なリビングはライトに凝っています。昼のリビングと夜のリビングで、印象がガラッと変わります。優しい照明で癒し効果もアップします。

STEP 3 音楽で 癒す

素敵なリビングには、必ず音楽があります。音のないリビングは、どうしても殺風景な印象を与えてしまいます。オーディオがない場合はスピーカーだけでもOK。スマホからBluetoothで音源を飛ばして流すと、気持ちがホッと落ち着くことを実感できます。

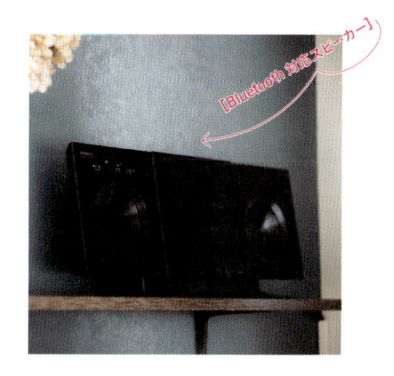

「Bluetooth 対応スピーカー」

POINT

リビングにモノを置く時は、できる限り腰より低い位置に置き、逆にそれより高い位置には空間を作るように意識すると、「見た目スッキリ」に見えます。

Nice!

STEP3のアドバイス

リビングに音がないと本当に「シーン」となり、会話が弾まなくなったことが…。その後コンポを買ったとき、部屋に色がついたようにパァッと明るく感じました。

冷蔵庫

玄関

寝室&クローゼット

キッチン

洗面所&バスルーム

リビング

和室

出産

子育て

パートナー

リビングで
やりたいことは何ですか？

● リビングでやっていることを挙げてみましょう。

（例）テレビを観る、雑誌を読む、コーヒーを飲む

● 「本当はこんなことをやりたい」、は何ですか？

（例）人を週に３回呼びたい、掃除を毎日１５分で終わらせて資格取得の勉強をしたい

家にある薬を
ジャンル分けしてみましょう

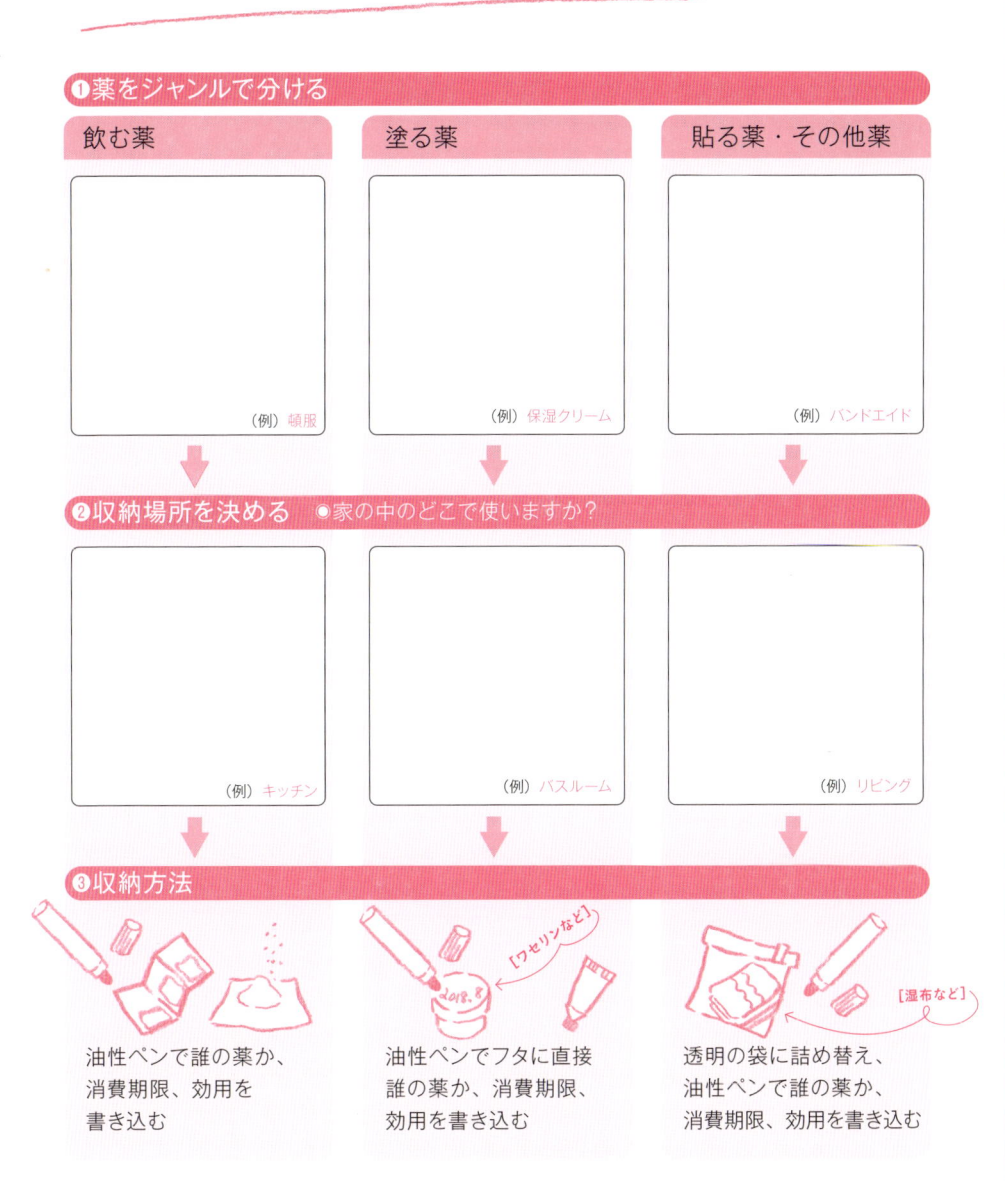

❶薬をジャンルで分ける

飲む薬	塗る薬	貼る薬・その他薬
(例) 頓服	(例) 保湿クリーム	(例) バンドエイド

❷収納場所を決める ●家の中のどこで使いますか?

(例) キッチン	(例) バスルーム	(例) リビング

❸収納方法

油性ペンで誰の薬か、消費期限、効用を書き込む

[ワセリンなど] 油性ペンでフタに直接誰の薬か、消費期限、効用を書き込む

[湿布など] 透明の袋に詰め替え、油性ペンで誰の薬か、消費期限、効用を書き込む

リビングに
グリーン（観葉植物）を飾る

もともと「やりすぎミニマリスト」として、本当に何もないリビングで7年間も過ごしていた私たち夫婦。いざ、部屋を心地良くしたい！と思い立った時、私がリビングに求めたのは「グリーン」でした。

しかし、花の名前も水の替え方もわからない状況で切り花を買っても、すぐに枯らしてしまうだけ。そこで、仲のいい花屋さんに相談してみたのです。そのとき言われたのが「枝モノや、実がついたモノなら長持ちする」ということ。それ以降、月に1度は花屋さんに行き、「枝モノか実を多めで花束をお願いします」とリクエストするようになりました。

枝モノは毎日水を交換しなくてもすぐに枯れてしまうこともなく、ドライフラワーとしても楽しめるため、とても長い間活躍してくれます。また、季節感の演出にも最適。お正月は「松」、次は「梅」、その次は「桜」というように、大きめの瓶に入れておくだけで、簡単に四季を映し出すインテリアに早変わり。とってもリーズナブルなのも魅力です。

でも、いいことばかりではありません。あるとき、帰宅してリビングに入ると部屋中がセピア色…。見渡してみると、部屋の中がドライフラワーだらけだったのです。
母がよく「花は邪気を吸い取ってくれる」と口にしていましたが、ドライフラワーにはその力はなさそうです。その空間で暮らすことを考えると、「生花にしかない生き生きとした生命感」は必須！と実感したのです。
それ以降はなんでもドライフラワーにするのではなく、生花とドライフラワーのバランスに注意しながらお花を選ぶようになりました。

和室 JAPANESE-STYLE ROOM

整理
ARRANGEMENT
やめることを
決める

押し入れの手前を
テーブル代わりに

我が家の中で一番大きな収納は押し入れ。
ギューギューに押し込むのをやめてみたら、家事効率が上がりました。

STEP 1 ちょっとした テーブル代わりに

押し入れは奥行きが 80 センチ程度あり、うまくモノを収納できないのが難点。そこで前後 2 つに分けて奥に収納・手前にスペースを空けてみました。一部だけでも手前にスペースが空けば、立ったままちょっとした作業ができるテーブル代わりになります。

STEP 2 作業台として 使える

STEP 1 よりもさらに広くスペースを確保すると、衣類を畳むのにも適しています。
こうなってくると、下の段に衣類を収納できるように引き出し収納を設けたくなりますね。

STEP 3 子どもたちの 絶好の遊び場

押し入れの半間が空けば、そのスペースは子どもにとって絶好の遊び場所になります。
我が家では子どもたちは帰宅後、一目散に押し入れへ直行しています。

POINT

和室のポイントはズバリ押入れ！和室にどれくらいの時間滞在し、そこで何をするのか？をリストアップし、そこで使うものを押し入れに収納するとうまくいきます。

Enjoy!

STEP3 のアドバイス

子どもが小さい頃は、押し入れの上段から落下しないように必ず近くで見ていました。万が一のために、下にマットレスも敷いておきました。

無印良品の PP製頑丈収納 ボックスを活用する

整頓
TIDYING

いつでも
使えるように

踏み台にも使える収納ボックスを選んだことで、
押入れの天袋によく使うものを入れても取り出しやすくなりました。

STEP 1 家の中で 使ってみる

ベランダやガレージに置くイメージの強いこの収納ボックスを、あえて家の中に置いてみることから始めました。和室に収納する場合、かさ張る季節外の寝具を収納するのにピッタリです。無印良品のシダーブロックを防虫剤として一緒に入れています。

STEP 2 脚立として 使う

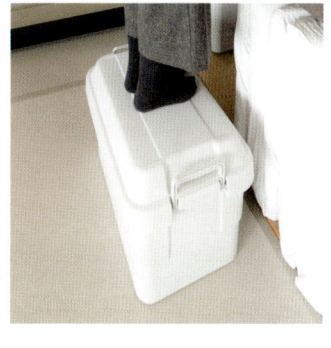

天袋収納を有効活用するために、脚立代わりのステップとして収納ボックスを使っています。このボックスの対価は100kg。大人でも安心して乗れます。

STEP 3 子どもの遊び道具として 大人気！

軽いので、子どもたちでも簡単に持ち運びできます。上に飛び乗る・テーブル代わりに使う・跳び箱代わりに使う、と活用しています。

POINT
この収納ボックスはサイズが3つつあり、我が家が購入したのはMサイズ/1800円です。

Dangerous

STEP3 のアドバイス
中に何も入っていない状態で跳び箱代わりに遊ぶと、手をついたときにボックスが傾くことがあります。おもしとして何か入れることをオススメします。

清掃
CLEANING

使うものを
汚れないように

プチDIYで、
押し入れを2畳の
フリースペースに

押入れを乱さないために、
子どもたちが喜ぶ空間として手を加えてみたら…大成功！

STEP 1 自分で壁紙を貼ってみる

まずは押し入れの内部にノリ付きの壁紙を貼って、床にはクッションフロアを敷きました。ノリつきの壁紙なら、1時間ほどで完成します。

STEP 2 押入れに絵を飾る

押し入れに絵を飾ってみました。絵を飾ると一気に「くつろぎの部屋」っぽさが出ます。

STEP 3 ふすまを外す

ふすまは取り外して開けっ放しに。外したふすまは、邪魔にならない壁に立てかけておけばOK。押し入れのふすまだけでなく、リビングと和室を仕切るふすまも、夏になると外して立てかけています。

POINT

押し入れを空間として使えば、たった6畳の和室もグッと広く見えます。

Bang!

STEP1のアドバイス

クッションフロアを敷かないと、モノを置いた音などがとても大きく響いてしまいます。我が家は2日で断念して購入しました。

冷蔵庫

玄関

寝室&クローゼット

キッチン

洗面所&バスルーム

リビング

和室

出産

子育て

パートナー

和室

清潔
CLEANLINESS
状態をキープ
するために

ベッドからマットレスに。
寝る場所は、時期に
合わせて変える

毎晩寝るときにみんなでマットレスを敷くと、子どもたちはテンション MAX。
なぜか大人もワクワクしてきます。

冷蔵庫

玄関

寝室&クローゼット

キッチン

洗面所&バスルーム

リビング

和室

出産

子育て

パートナー

STEP 1 寒い冬は 南の和室、畳の上で

寒い冬は、暖かい南側の和室で寝ています。フローリングの上よりも畳の上に布団を敷いた方が暖かさを感じます。フローリングに比べて湿気がこもらないため、布団にカビが生えることもありません。

STEP 2 夏は 北側洋室、フローリングで

夏は涼しい北側の洋室で寝ています。エアコンいらずの風通しです。夏の間はフローリングの上に直接マットレスを敷いて寝ています。カビ対策のために、毎朝起きたらすぐに換気をして布団を立て、空気に触れさせるようにしています。

STEP 3 ベビーには 洗えるマットレスを

マットレス選びは慎重に。洗えるウレタン「セルプール」のマットレス。汗をかきやすい子供たちにピッタリです。あえてデメリットを言うならば三つ折りできないので、立てて収納できないことでしょうか。

POINT

ベッドを手放しマットレス生活にしてから、その日の気分で寝る場所を変えるようになりました。また、家族に体調不良が発生したときも素早く隔離できるので助かります。

Flush

STEP3 のアドバイス

水を吸ったセルプールのマットレスはとても重くなるので、干した状態で水をかけることをオススメします。

子どもが自分で
布団を敷きたくなる
しくみ作り

子どもが自分で寝具の準備をするためには、どんなしくみにすればいいのか？
夫婦で考えました。

STEP 1 マットレスは 立てて収納する

敷布団の収納を工夫しています。持ち上げるのでは
なく、スライドさせるので子どもでも自分で出し入れ
できます。

STEP 2 羽毛布団は 遊びながら収納

掛け布団は遊びながら収納。持ちにくい羽毛布団は、
収納ボックスに入れてから運びます。遊びの一環に
すれば、子どもたちも喜んで協力してくれます。

STEP 3 三つ折りタイプの マットレスは使いやすい

三つ折りタイプのマットレスは、「トゥルースリーパー
プレミアケア」布団タイプを愛用しています。

POINT

マットレスを立てた状態ではふ
すまが閉まらないので、思い切っ
てふすまを取り外す必要があり
ます。

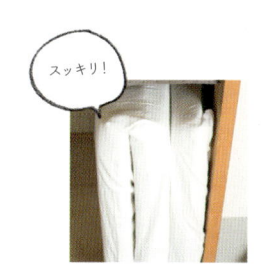

スッキリ！

STEP1 のアドバイス

マットレスに使うシーツはベッド用だと
もたつきます。無印良品の「敷き布団
シーツゴム付き」なら、厚み7cmのマッ
トレスでもキレイに収まります。

冷蔵庫

玄関

寝室＆クローゼット

キッチン

洗面所＆バスルーム

リビング

和室

出産

子育て

パートナー

和室の使い方を考えてみましょう

● 和室を何に使っていますか？

- ☑ 居間・リビング
- ☑ 寝室
- ☑ 趣味（おけいこなど）
- ☑ 子ども部屋
- ☑ 来客が寝るとき
- ☑ 年末年始の食事
- ☑ 書斎として
- ☑ その他

● 5年後は和室をどう使いたいですか？

- ☑ 居間・リビング
- ☑ 寝室
- ☑ 趣味（おけいこなど）
- ☑ 子ども部屋
- ☑ 来客が寝るとき
- ☑ 年末年始の食事
- ☑ 書斎として
- ☑ その他

● 押し入れの中にあるものを書き出してみましょう。

（例）布団2組／座布団4枚 など

➡ 収納の7割以上が和室で使うモノになっていますか？
　収納内容を見直すか、和室の使いみちを見直してみましょう。

● 今持っている布団を数えてみましょう。

夏用 掛け布団		枚
夏用 敷布団		枚
夏用 シーツ		枚
夏用 タオルケット		枚

冬用 掛け布団		枚
冬用 敷布団		枚
冬用 シーツ		枚
冬用 毛布		枚

➡ この1年以内に使った寝具に ✔ をつけてみましょう。
統計上、泊まりで来るお客さんは、
全国的に年々少なくなっているようです。かさ張る寝具を持ち続けるか
どうか、もう一度考えてみることをオススメします。

COLUMN - 07

あえての
ワンアクション収納

モノは取り出しやすければいい、とは限りません。我が家には、わざと取りにくい場所に置くことでモノの大切さを実感させる「あえてのワンアクション収納」があります。

01
和室の天袋に子どものおもちゃ2軍を置く

子どもは取りたくても背が届かないので、自分では取れません。長期連休や体調不良など、特別なときにわざと「よいしょ、大変だけど取ってあげるね」と言いながら2軍のおもちゃを取るようにしています。子どもも、新しいオモチャが手に入ったように喜んでくれます。

02
「折り紙」「セロテープ」は、踏み台に乗らないと取れない場所に置く

子どもが大量に使うため、あっという間になくなってしまう文具の代表がこのふたつ。そのため、あえて取りにくい棚の上に置いてあります。場所を移動しただけで、消費量はグンと減りました。

03
キッチンペーパーはムダ遣いしないように、あえて引き出しの中に収納

私はコストコのキッチンペーパーを愛用しているのですが、扉の中に収納したとき、すぐ取れるようにキッチンに出しっぱなしにしていた頃に比べ、消費量が半分になったことに気づきました。そこで、キッチンペーパーはあえて少し取りづらい収納の中に入れるようにしました。ただ、それだけだとキッチンでの作業時間がかかってしまうので、取り出しやすい位置に「ティッシュペーパー」を常設することにしました。今までは全部キッチンペーパーを使っていたのですが、少しの汚れならティッシュペーパーで十分対応できることがわかり、コストもずいぶん削減できました。

ティッシュペーパー

出産 BIRTH

整理
ARRANGEMENT

やめることを
決める

「ベビー用〇〇」 「マタニティ〇〇」は 使わない

3度の妊娠・出産を経験し、「絶対に必要なモノ」と「ほぼ必要ないモノ」が わかるようになってきました。

STEP 1 出産前に 毎回買う（もらう）もの

授乳クッション→産前は抱き枕として、産後はベビーを寝かせたり、座ったベビーが後ろに倒れないように固定するのにも使えます。骨盤ベルト→出産まで仕事を続けたり、すでに上のお子さんがいる場合は、おなかを保護する意味でも装着すると安心します。マタニティ用のズボン1本→最後の1ヶ月間はどうしようもなくなって、結局買うというパターンが2回続きました。もっと早くに買っておけば良かった！と思うアイテムです。

STEP 2 必要なかった…と 後悔したもの

マザーズバッグ…普通のバッグで十分。
ベビーバス…洗面ボウルに直接お湯を張るので十分。
ベビーベッド…レンタルで十分。

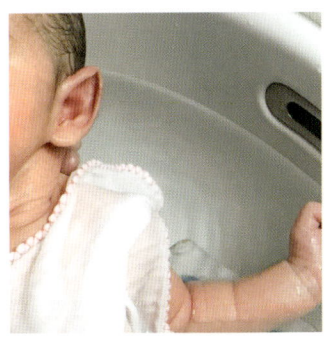

STEP 3 出産後の 必須アイテムはコレ！

哺乳瓶（2本あれば十分）…母乳の量が安定するのは想像よりも時間がかかります。抱っこヒモ…産後ひとりでベビーを病院に連れていく場合は、あるととても便利。バスチェア（生後2ヶ月以降）…ベビーを大人一人でお風呂に入れる場合は必要。

POINT

STEP3については、必要かどうかが産まれてみないとわからないので、産前にある程度目星をつけておき、退院直前にネット購入できるように準備しておくのがベストです。

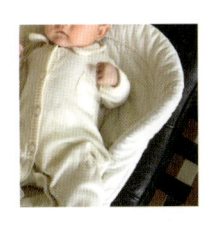

STEP3 のアドバイス

抱っこ紐。新生児用インサートは必要か？とよく聞かれます。我が家の場合は生後3ヶ月まではインサートを装着状態でそっと寝かせるのが◎でした。

冷蔵庫　玄関　寝室＆クローゼット　キッチン　洗面所＆バスルーム　リビング　和室　出産　子育て　パートナー

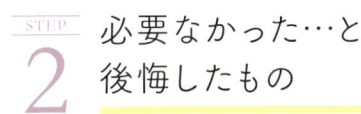

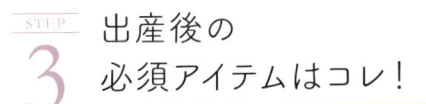

整頓
TIDYING
〜〜〜〜〜〜
いつでも
使えるように

すぐ着られなくなるベビー服はジップロック管理が◎

とっくにサイズアウトしてから「こんな服あったんだ!」という残念な経験を経て、いつでもわかるしくみを作りました。

冷蔵庫

玄関

寝室&クローゼット

キッチン

洗面所&バスルーム

リビング

和室

出産

子育て

パートナー

STEP 1 新生児〜首すわり時期

産まれた直後…育児書に載っている"単肌着""長肌着"は抱っこのたびにめくれあがり実は使いづらい！2人目以降は、生後すぐから"コンビ肌着"と"ボディ肌着"で過ごしました。

STEP 2 生後5ヶ月頃

ベビー服はたくさん必要ありません。我が家では生後5ヶ月頃の真冬の1月時点でボディ肌着➡3着、長そでロンパース➡4着、アウター➡1着で困ることはありませんでした。

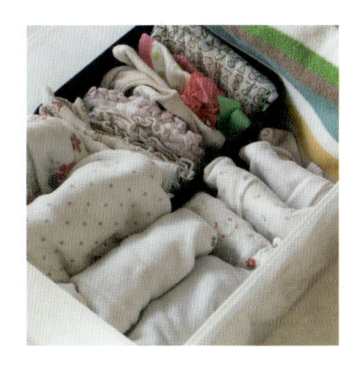

STEP 3 0〜2歳ごろ

0〜2歳までの間は服が増えがちです。サイズ90以下の服はサイズアウトが早いので、ジップロックにサイズと季節を書き込んで分けておくのが◎。

POINT

服をたくさん持っておくのではなく、着替えをしなくてもすむように、新生児のうちから吐きこぼし用にスタイを付け、頻繁にオムツのサイズ感をチェックすることをオススメします。

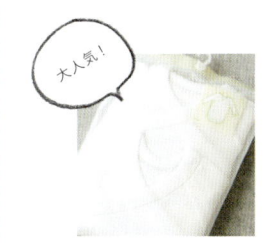

大人気！

STEP1のアドバイス

ボディ肌着は我が家はプチバトーで購入していましたが、後になってからユニクロでも販売していると知って驚きました。

清掃
CLEANING

使うものを
汚れないように

ミニマリストの
産後グッズ

汚れてもいい服を着るのではなく、「汚れない努力をする」方が洗濯モノも減り、
大人も赤ちゃんも気持ちよく過ごせることに気づきました。

STEP 1 大人の服を汚さない

大人が汚れてもいい服を着るのではなく、好きな服の上から無印良品の「かっぽうぎ」を着ていました。リネン100％なので、洗うごとに柔らかく着心地がよくなってきます。そのうちガーゼ代わりにかっぽうぎの袖でベビーの口の汚れを拭くことも。

STEP 2 ベビーの服も汚さない

普段のスタイにプラスして、食事中はコストコのビブスター（使い捨ての食事エプロン）が大活躍！離乳食初期や手づかみ食べの時期は、何度もリピート買いします。

［ビブスター］

STEP 3 おむつ替えもスマートに

コストコのベビーワイプはとにかくサイズが大きく、一枚でしっかり汚れを取れるので時短とゴミの削減につながります。一度使うと他のおしりふきには戻れません。

POINT

赤ちゃんのお世話は想像以上に大変です。日々の家事をいかに減らすか？を考えて対応しておくことで時間の余裕ができ、それが心の余裕にもつながると感じています。

Wide!
Very good!

STEP3 のアドバイス

ベビーワイプ一枚当たりの金額は、通常のおしりふきの3倍。それを知ってからは、一枚一枚を大切に使うように心がけています。

冷蔵庫
玄関
寝室＆クローゼット
キッチン
洗面所＆バスルーム
リビング
和室
出産
子育て
パートナー

清潔
CLEANLINESS

状態をキープ
するために

赤ちゃんは
ホンモノがお好き

赤ちゃんにとっての楽しみをじっくり観察してみると、
小手先のオモチャでは満足していないことが一目瞭然です。

128

オモチャより絵本

オモチャはすぐに飽きるのに、絵本は何度も「読んで〜」と持ってきます。たくさん買い与えるのではなく、目につくところに5冊と決めて置いておき、同じ絵本とじっくりつき合っていきます。

モノを減らすチャンス！

赤ちゃんは、なぜか全部出すのが好き。散らかした場所は「モノを減らすチャンス！」と片づけましょう。一度厳選してからは数が減るので、全部出されてもイライラしません。

ふだん使いのモノをオモチャにする

大人の来客用に使っていた、漆塗りのティーセット。ベビーの離乳食に使ってみると、軽さと大きさがバツグン！危なくないので、オモチャとしても大活躍です。

POINT

掃除グッズもオモチャではなく本物を持たせて手伝ってもらいましょう。赤ちゃんには元の場所に戻す能力が備わっているので、声掛けしながら一緒にやれば戻してくれます。

おしゃれ♪

STEP1のアドバイス

いきなり絵本棚を購入する必要はありません。壁につけられる家具を使って、数冊立てかけているだけです。

しつけ
DISCIPLINE

ルールを
守るために

外出は身軽に、が原則

１人目より２人目、そしてさらに３人目…と、
外出時の荷物がどんどん身軽になって来ました。

1 身軽に
出かける

持ち物は最小限で出かけます。かさ張るおしり拭き
は、プレスシールで密封すれば持ち運びに便利に。
目的地周辺のベビールームの設備もチェックして出
かけるようにします。

2 お着替えバッグを
常備する

「お着替えバッグ」を作って家の中の取りやすい場
所に設置。ふだんの着替えはもちろん、ちょっとし
た散歩程度なら、このバッグだけを持ち運べばいい
ので忘れ物知らずに。

3 もしもの備えは
車に常備

もしもの備えとして、車には子どもたち全員分の着替
え一式を常備。出先で服が汚れたときや、災害時に
も使えます。これがあるから、ふだんの荷物が少なく
てすんでいます。

POINT

ベビー用品は困ったときに買え
ばいい！くらいの気持ちで、身
軽に出かけます。3人子育てし
てきて、実際に服とオムツを購
入したのはたったの1回です。

Moist?

STEP1のアドバイス

プレスシールで持ち運ぶおしり拭きは、
数か月すると水分が蒸発してしまうこ
とが…。意識して取り換えるようにして
います。

COLUMN-08

出産時の入院で
本当に便利だと思ったモノ　ベスト3

私が3回の出産を経て、これから出産される方に「これはぜひ入院グッズに加えてほしい！」と思ったものをご紹介します。

第 1 位　1枚6役のフェイスパック

約1週間の病院生活。もちろん基礎化粧品も持って行く必要があります。ところが、出産後は起き上がるのもひと苦労。化粧水をパタパタなんて、とてもできません。そこで、寝ころんだままフェイシャルケアできる1枚6役（化粧水〜パックまで）のフェイスパックをオススメします。

第 2 位　アイマスクと耳栓

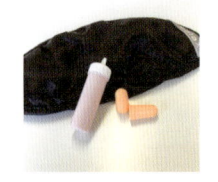

初めての出産で驚いたのが、産後はベビーの泣き声に異様に敏感になることです。3時間おきの授乳で、睡眠不足は極限状態。お昼でも、眠れるときは仮眠をとるほうが賢明です。隣室の赤ちゃんの泣き声が気になって眠れないということも考えられるので、耳栓とアイマスクは必ず持っていくようにしていました。

第 3 位　気圧ソックス

産後、寝たままの状態が続くこともあり、足のむくみが気になることがあります。過去最高にむくんでしまって、なかなか眠れない！という状況も考えられるので、私は気圧ソックスを持って行くようにしていました。病院内では、他のママさんでも履いている方を何人か見かけました。

よく見かけるのが、出産用品をスーツケースいっぱいに持って入院される方。どんな事態が起こるかわからないので、あれもこれもと持って行きたい気持ちはわかるのですが、問題は退院後。退院しても、身体はしばらくつらい状況です。その中で、家でスーツケースの中身を片づける余力が私にはありませんでした。その経験をもとに、なるべく病院で使い切れる量を意識するようにし、2人目からはかなりコンパクトな荷物にしたところ、家での片づけも負担になりませんでした。

子育て PARENTING

整理
ARRANGEMENT

やめることを
決める

「7割収納」に
すれば、子どもが
自分で服を選びだす

「たくさんある」ということは、そこから選ぶ必要があります。
子どもが自分で服を取るために、たくさん持つことをやめました。

STEP 1 パジャマは必要なし

○○専用服は持たないようにしています。夏に着る甚平は、ふだんはパジャマとして。ハーフパンツタイプの水着は、家の中でふだん着として着ています。

STEP 2 子どもごとにテーマカラーを決める

子どもの年齢が近いと、誰の服なのかがひと目でわからないことがあります。ひとりひとりにテーマカラーを決めて下着を管理するようになってから、洗濯物を戻すときのストレス軽減と時短につながりました。

STEP 3 おさがりは残さない

兄弟間でのおさがりは残しません。下の子は上の子が着ていたのを見ているからです。一方、友だちからのおさがりはウエルカム！我が家にとっては新しい服だからです。

POINT

おさがりを残さないということは、ワンシーズンで着倒す必要があるということ。2日に1回は着る勢いで回していくので、子どもの服の量は必要ありません。

STEP2 のアドバイス

下着で、ワンポイントのある靴下を左右間違って履いていることが…。右左のないユニクロの靴下に変えました。

整頓
TIDYING

いつでも
使えるように

オモチャに
固執しない子育て。
空間は最大の遊び

どれだけたくさんのオモチャを与えても、子どもは満足しません。
「モノより空間の方がずっと楽しめる」ことを伝えていきたいです。

STEP 1 おもちゃ屋さんに遊びに行く

我が家はよくおもちゃ屋さんに行きます。そこで気がすむまで遊べば、子どもも満足。おもちゃ屋さんでおもちゃを買ったことは一度もありません。そうやって移り変わりの早い「戦隊モノ」を乗り切ってきました。家にあるのはじっくり長く遊べるおもちゃだけにしています。

STEP 2 出しておくおもちゃは1〜2種類

超1軍のおもちゃは1〜2種類とし、それらをすぐ手にとれる場所に置いておきます。1ヶ月に1回くらいのペースで子どものリクエストに応じ、超1軍を入れ替えています。

STEP 3 2軍のおもちゃは隠す

STEP1で選ばれなかったおもちゃの2軍は、子どもの手が届かない押し入れの天袋にストックしてあります。

POINT

おもちゃの代わりに「船の旅」へ行く。おもちゃの代わりに遊園地のシーズンパスを買う。モノではなく体験にお金をかける楽しさがあれば、子どもも満足してくれるようです。

Click!

STEP1のアドバイス

おもちゃ屋さんでおもちゃを買うのは絶対NG。例外を作らず、どんな場合でもオモチャは改めてオンラインサイトで！とルール化しています。

清掃
CLEANING
使うものを
汚れないように

子どもが自分で
できるように整える

子どもが、ある日突然身支度をひとりでできるようになるなんて、あり得ません。
しくみ作りと継続がいつか花開くと信じています。

冷蔵庫

玄関

寝室&クローゼット

キッチン

洗面所&バスルーム

リビング

和室

出産

子育て

パートナー

STEP 1 まずは掃除から

子どもでも自分で使える、粘着式クリーナーや軽いマキタの掃除機を与えています。私にバレる前にサッと掃除していることがよくあります。

STEP 2 朝ご飯の準備

冷蔵庫の朝食セットをケースごと出しておけば、あとは子どもたちがご飯鍋からご飯をよそって好きに朝食を食べてくれます。

STEP 3 服を畳む

畳み方だけは、2歳から根気よく伝えました。その効果が1年後の3歳で表れてきて、またひとつ私の家事が減りました。

POINT

手伝ってもらうしくみを整えておくことで、親のイライラは必ず軽くなります。まったくやらない日もありますが、遊びに行く直前の子どもたちの機敏な動きには、思わず笑ってしまいます。

Difficult

STEP1のアドバイス

子どもたちにほうきを与えていたときは、ちりとりがうまく使えていませんでした。その時々の子どもの成長に見合った掃除用具を用意すれば、自然と使ってくれます。

清潔
CLEANLINESS
〜〜〜〜〜
状態をキープ
するために

持ち帰った作品を
楽しむために、
発表会を開く

作品を全部保管しておいたり、とりあえず写真に撮ったりするだけでは、
子どもは満足しません。

冷蔵庫

玄関

寝室＆クローゼット

キッチン

洗面所＆バスルーム

リビング

和室

出産

子育て

パートナー

STEP 1 おうちで 作品発表会

学期末に子どもが持ち帰った作品は、家族の前で作品発表会をします。私とリハーサルをしたあとで、家族みんなの前で本番！「工夫したことは？」「難しかったところは？」などの質問に答えます。少しずつ答え方も上達してきました。

STEP 2 最優秀賞を 決める

STEP1の中からひとつ最優秀賞を決め、子どもの目につく押し入れの中に飾っています。

STEP 3 壊れるまで 遊び倒す

季節の行事や拾った葉っぱなどの日々持ち帰るモノは、その日のうちに壊れるまで遊びつくすようにしています。一緒に遊んで壊れれば、子どもも満足して手放します。

[持ち帰った作品]

POINT

子どもの「捨てないで」の言葉には「まだ十分見てもらっていない、ほめてもらっていない」という意図があるのでは？我が家では、発表会後は未練なくサッと手放しています。

Cute！

STEP3 のアドバイス

子どもがどうしても捨てることに納得いかないときが…。「今日だけ展覧会」スペースを作って一日飾ることで満足していました。

朝が楽しみになって
飛び起きる工夫

「明日の朝が楽しみ」と子どもに言われるのが、一番の幸せ。
そのために時間の片づけを行いました。

STEP 1　タイムスケジュールを見直す

子どもの時間の使い方を徹底的に見直しました。夜8時に寝て、朝5時に起きてからはゲームやテレビなどの娯楽時間。毎晩「明日の朝が楽しみ〜」と言いながら寝る姿を見ていると、動機は少し不純でもメリハリがあっていいか！と思ったりします。

STEP 2　大人も早起きする

子どもの早起きと共に、大人も一緒に起きるように心がけています。早く起きて読書や編み物などの好きなことをするとなんだか体調もよく、充実した一日を過ごせる気がします。

STEP 3　子どもの時計は持ち運びタイプを

子どもたちの時計は、壁掛けや腕時計ではなく、持ち運びできる小型のシンプル多機能時計（時刻・室温・アラーム・カレンダー）を手に持って家の中を行動しています。ニトリで 380 円（※現在は販売終了）。IKEAで類似商品が販売されています。

［ニトリの小さい時計］

POINT

子どもたちの就寝時間に可能な限り私も一緒に眠れるよう、私自身の時間の使い方を見直しました。大人が早く起きて楽しんでいる様子を見れば、子どもも自然と早起きになります。

Yummy♪

STEP1 のアドバイス

20:00に就寝するためには早く夜ご飯を食べないとムリ。遅くとも18:00には食べられるように準備をしています。

ワンオペ育児にならないために
我が家で意識していること

01
整理（やめることを決める）➡
里帰り出産をやめる

我が家は3人子どもがいますが、1人目から里帰りをしていません。「産まれた直後から夫婦で一緒に子育てする」という覚悟が、夫への信頼と父性を養うことにつながると考えています。

02
整頓（いつでも使えるように）➡
子どもの支度に関して"やることリスト"を作る

夫が家事に「協力してくれない」のではなく「何をすればいいのかわからない」だけ、ということが多々あります。急にお願いしなければならない可能性がある子どもの支度は"やることリスト"を渡して依頼すれば、スムーズに進みます。

03
清掃（汚れないように）➡
NGラインを夫婦ですり合わせておく

育児をする上で、どちらか一人が悪者にならないように、「これはNG」というラインを夫婦でしっかりすり合わせておくようにしています。例えば、我が家ではテレビもゲームもそれぞれ一日1時間と決めているのですが、子どもは「テレビを見ない代わりにゲームを2時間したい」と思うもの。でも、例外は作らないようにしています。

04
清潔（続けるために）➡
キャンプなどほかの家族との接点を増やす

家では協力しないのに、キャンプでは張り切って料理や片づけをする男性。それは家庭での女性からのほめ言葉が少ないことが原因かもしれません。我が家では夫が家事をやろう！という気になるキャンプやホームパーティーの機会を増やし、さらに家でも感謝の言葉を口にすることで、自然とふだんの家事協力を促しています。

05
しつけ（時間の使い方）➡
夫に「妻の社会復帰担当マネージャー」になってもらう

産後、社会復帰のタイミングはすべて夫に任せていました。私は自分と子どもの体調と相談しつつ、仕事の状況を夫に報告。夫は、それを聞いて「もう少し仕事入れられるんじゃない？」とか「仕事、減らしたら？」などと伝えてくれます。そうすることで、私が仕事で夫に休みを取ってもらう必要のあるときも、スムーズに話が進むようになりました。

パートナー PARTNER

整理
ARRANGEMENT
やめることを
決める

家事のやり方を
お互いに相談し合う

できないことにフォーカスしたり、「これだけ頑張っているのに…」という
言葉はやめました。

冷蔵庫

玄関

寝室＆クローゼット

キッチン

洗面所＆バスルーム

リビング

和室

出産

子育て

パートナー

STEP 1 "頑張ってるアピール"を やめる

頑張っていることをアピールするのではなく、困っていることの解決方法を話し合うようにしています。「この仕事を受けると明日の夜ご飯がコンビニになってしまうのだけど、いい?」といった具合です。

STEP 2 家事を 時間で伝える

「今から掃除と洗濯するので1時間かかる」など、家事を工数で示すのがポイントです。

STEP 3 いらないものを 伝える

買い物を頼むときは「買ってほしいものリスト」ではなく「今はあるからいらないモノ」を書いて渡しています。夫も自分で自由に選べるので、楽しいようです。

POINT

家事を工数で示すことができれば、夫婦のコミュニケーションはずっと取りやすくなると思っています。まずは食事作りと洗濯から時間を計ってみましょう。

Memo...

STEP2 のアドバイス

そもそも自分が家事にどれくらい時間をかけているかを知ることが大事。苦手な家事だけでもストップウォッチで計測することをオススメします。

整頓
TIDYING

いつでも
使えるように

共有する情報の
すれ違いをなくす

いつでもパートナーと話し合えるように、
自分のムダな時間を片づけるように心がけています。

STEP 1 データを 共有する

【Yahoo! カレンダー】

意識してスケジュールを共有化。子どものプリントは「Evernote」、私の仕事は無料の Yahoo! カレンダーで共有しています。Yahoo! カレンダーは、5つの無料カレンダーを試した中で記入までのステップが最も短かったのが採用のポイントです（以前はプリントを「おたよりボックス」というアプリで管理していましたが、有料化したため Evernote に変えました）。

STEP 2 「とりあえず BOX」の 設置

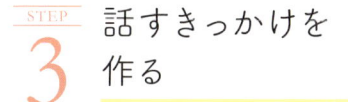

家族から探し物を頼まれると、自分の時間が大きく減ってしまいます。「とりあえずボックス」を用意して、あとで探しそうなモノは入れておくようにしています。

STEP 3 話すきっかけを 作る

朝のコーヒー、夜のワインなど「話す」ためのきっかけを作ることを意識しています。情報を共有・理解するために、話す時間は必ず確保しています。

POINT

夫婦なんだから、長年一緒にいるのだから、状況を察してくれるはず…と思っているのは本人だけ。夫婦だからこそ、最低でも一日 30 分は話をしましょう。

Rule!

STEP2 のアドバイス

「とりあえずボックス」はすぐにあふれかえります。満杯になったら必ず見直す！というルール決めをしています。

冷蔵庫
玄関
寝室＆クローゼット
キッチン
洗面所＆バスルーム
リビング
和室
出産
子育て
パートナー

清掃
CLEANING
使うものを
汚れないように

パートナー

過程ではなく
結果を重視する

パートナーに家事をお願いするときは、1から10まで指示するのではなく、
家事を楽しめるような余裕を与えるようにしています。

STEP 1 "どうやるか"は相手に任せる

何をやればよいかではなく、「どうなっていればよいか？」で判断しています。例えば窓拭きをパートナーに依頼する場合は、「10分以内で結露が取れればOK」と伝え、どんなふうにやるかは相手に任せます。

STEP 2 家事のゴールを決めておく

「スッキリ」の度合いをすり合わせておくようにしています。具体的には日々家の中をスマホで写真に撮り、「これが我が家のスッキリ」という状態を目で見えるようにします。

STEP 3 お互いが納得できる家事分担に

パートナーの好きな家事、苦手な家事を知っていますか？それを無理やりやらせても効率が悪くなるのは当たり前。「洗濯は私の方が得意だけど、買い物はお願い！」というように、お互いが納得できる分担を行っています。

POINT

子どもに家事を手伝ってもらうことに一生懸命になるよりも、パートナーに家事を手伝ってもらうことに力を注いだ方が完成度が高く、結果夫婦円満になると感じています。

Click!

STEP2 のアドバイス

写真に撮るだけではNG。何がどう困るのかをすり合わせて初めて「スッキリ」の度合いを共有できるようになりました。

お互いが
苦手なことは
システムに頼る

苦手なことを嫌々やるより、家電やシステムに頼った方が
気分がラクになることもあります。

冷蔵庫

玄関

寝室&クローゼット

キッチン

洗面所&バスルーム

リビング

和室

出産

子育て

パートナー

STEP 1 来客布団は レンタルする

来客時はレンタル布団を使うことで、来客用布団の管理から解放されました。布団を干したりシーツを洗ったりする煩わしさとも無縁に！これにより、宿泊客がぐっと増えました。

STEP 2 最新家電に 頼る

苦手な家事は最新家電に頼っています。拭き掃除はブラーバ、食事作りはホットクック、洗濯は乾燥まで一気に仕上げるドラム式洗濯乾燥機に任せています。

STEP 3 服は 買わない

夫婦の服はファッションレンタルしています。私はEDIST CLOSET、夫は Leeap というサイトを利用しています。ムダに ZOZOTOWN を検索したり、買い物に出かけることが一切なくなりました。

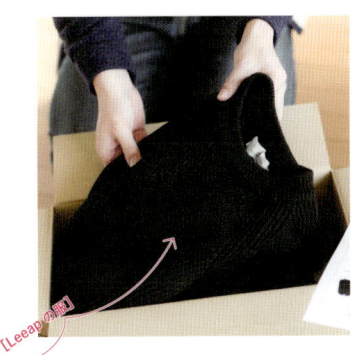

[Leeapの服]

POINT

いつもバタバタで夫婦の時間が確保できない場合は、「苦手な家事に時間を奪われていないか？」を調べます。それをうまく手放せることができたら、自由な時間は確実に増えます。

STEP1 のアドバイス

来客布団レンタルは、年末年始などのトップシーズンは予約でいっぱいなことが！2ヶ月前には予約するようにしています。

しつけ
DISCIPLINE

ルールを
守るために

「時間の片づけ」を
意識する

せっかく一緒にいるのだから、お互い心地よい時間を過ごす努力を
惜しまないようにしています。

STEP 1　本当に大切にしたいモノを知る

「何でも捨てる・何でも残す」ではなく、「絶対に手放さないモノ・時間を忘れるくらい楽しいと思えるモノ」を自分の中で持つようにしています。

STEP 2　好きなことをする時間をつくる

好きなことをする時間を、毎日最低でも 30 分～ 1 時間程度は確保するようにしています。結果的に仕事にも集中できて、効率も良くなります。

STEP 3　月間目標を立てる

今月は読書、来月は英語！というように、自分がレベルアップするための目標を月単位で立てる「〇〇月間」をお互い決めるようにしています。

POINT

時間をうまく使えることができれば、頭の中がスッキリ片づきます。頭の中に余白スペースがあれば、新しくて楽しそうな情報もすんなりキャッチできると考えています。

編み物

STEP2 のアドバイス

「好きなこと」にすぐに取り掛かれるように準備しておくことが大切。私の場合はクローゼットに大好きな編み物一式をスタンバイさせています。

パートナーに
伝えてみましょう

夫婦2人で、下記のことを話し合ってみましょう。

報告

- 頼まれていたこと
- 頼みたいこと

連絡

- 自分の仕事のこと
- 明日やろうとしていること
- 今日の食事のこと
- 今日あった出来事

相談

- 家のこと
- 家族のこと
- ちょっとしたストレス
- 友人のこと
- 体調のこと
- お金のこと

パートナーのことを考えてみましょう

下記について書き出し、お互いの答えを見せて話し合ってみましょう。

● パートナーの私物で、「もうそろそろ買い換えたら？」
　と思っているモノは何ですか？

> （例）仕事用の靴、など

● パートナーが得意な家事、苦手な家事は何だと思いますか？

> （例）お風呂掃除、ゴミ捨て、など

COLUMN - 10

「私の時間」の使い方

家の中をストップウォッチ片手にウロウロしながら、1分でも時短になるよう工夫している家事オタクの私ですが、そうして生み出した時間は、こんなことに使っています。

01

夫を毎日駅まで迎えに行く

家から徒歩2分ほどの駅まで、仕事帰りの夫を子どもたちと一緒に迎えに行っています。

長男が生まれてから迎えに行き始め、今年で8年め。散歩がてら歩いて行き、みんなで歩いて戻ってくるだけなのですが、今日あったことを話しながら歩く夜道は楽しいもの。私なりの「早く帰ってきてくれて嬉しい」という感謝の気持ちを表しているつもりです。子どもたちの就寝時間に間に合わなければ迎えに行けないので、夫も少しでも早く帰ろうと努力してくれているようです。

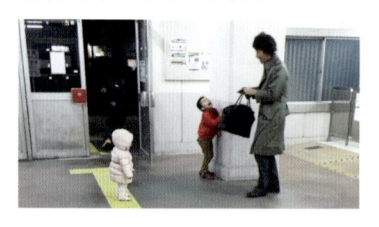

02

友人に手紙を書く

頻繁にお手紙を書くようにしています。私はモノをあまり持たないのですが、同じように付き合う友人も、表面上の付き合いだけの人は持たないようにしています。だから、数少ない友人には何かあるごとにお手紙を書くようにしています。

ちなみに、年賀状を書く習慣はありません。いただいた年賀状に対するお返事を、手紙で伝えるようにしています。

年賀状には引っ越しや結婚といったビッグニュースがさらっと書かれていることがあり、こちらとしてもお祝いのメッセージや聞きたいことがたくさんあるのです。一人ずつ、便せん2枚程度にぎっしり書くので時間はかなりかかってしまうのですが、私にとってはとても充実した時間です。

香村 薫（こうむら・かおる）

ほどよいミニマリスト　ミニマライフ.com 代表

「モノを減らして維持するしくみ」を教えるライフオーガナイザー（おうち片づけの専門家）。幼い頃から「なぜそうなるのか」を考えるのが大好きなリケジョ。

大学卒業後、トヨタグループの世界 No.1 AT・ノビ専門メーカー・アイシン AW に入社。生来のしくみ好きの性格からトヨタ式問題再発防止策「なぜなぜ分析」に没頭し、入社 1 年目で社内特許出願件数が全社員中 1 位になる。

24 歳で結婚後、ハードワークと家事を両立させるため夫婦でミニマリスト道を突っ走るも、モノを捨てすぎて家が空っぽになり、心身に不調をきたす。そこで、「何のために片づけるのか」をなぜなぜ分析し続けた結果、モノの適正数を決め、しくみで維持する片づけ方を考案。「トヨタ式おうち片づけ」と名づける。2014 年、片づけサポート業務のミニマライフ.com を開業。自宅開催のモノの減らし方講座には全国から受講者が集まり、片づけ出張サービスは予約半年待ち。同じくミニマリストでライフオーガナイザーの夫、2 男 1 女の 5 人で愛知県岡崎市に暮らす。「やりすぎミニマリスト」経験をふまえた、「ほどよいミニマリスト」として顧客からの信頼は厚い。

趣味はランニングと編み物、部屋の模様替え。著書に、デビュー作で 2 万部を突破した『トヨタ式おうち片づけ』（実務教育出版）がある。本書が第二作目。

〈オフィシャルサイト〉　http:// ミニマライフ.com
〈ブログ〉　http://ameblo.jp/amikarly/
〈インスタグラム〉　https://www.instagram.com/minimalife_kaoru/

トヨタ式 超ラク家事

2018 年 3 月 10 日　初版第 1 刷発行

著　者　香村薫

発行者　小山隆之

発行所　株式会社実務教育出版
　　　　163-8671　東京都新宿区新宿 1-1-12
　　　　http://www.jitsumu.co.jp
　　　　電話　03-3355-1812（編集）
　　　　03-3355-1951（販売）
　　　　振替　00160-0-78270

装丁　　鈴木大輔・仲條世菜（ソウルデザイン）

編集　　小谷俊介（実務教育出版）

印刷所　文化カラー印刷

製本所　東京美術紙工